AF312522

INSTRUCTION
POUR LES
COMMISSAIRES
CHARGÉS DU TRAVAIL
DE LA TAILLE TARIFEE
DANS LE DEPARTEMENT
DE CHAMPAGNE.

Pour l'année mil sept cent quarante.

A CHAALONS,

Chez SENEUZE, Libraire & Imprimeur du Roy, vis à vis
Saint Germain, au Lion.

M. DCC. XL.

AVEC PRIVILEGE DE SA MAJESTE.

INSTRUCTION

POUR les Commiſſaires chargés en l'année 1740. du travail de la Taille tarifée dans le Département de la Province de Champagne.

S A MAJESTE' nous ayant fait connoître plus particulièrement ſes intentions concernant la Taille tarifée, il Nous a paru indiſpenſable, en ajoûtant les nouvelles diſpoſitions contenuës dans differentes Lettres de M. le Controlleur Général, aux anciennes Obſervations que Nous avions faites ſur cette matière, de raſſembler le tout ſous un ſeul point de vuë, afin que les Commiſſaires ſoient plus en état de concourir à l'avancement & au ſuccès d'un établiſſement dont les Peuples commencent à retirer les plus grands avantages.

Nous diviſerons cette nouvelle Inſtruction en trois parties. La première comprendra les diſpoſitions préliminaires du Commiſſaire, auſſi-tôt la réception de nos Ordres ; la ſeconde contiendra les operations qu'il ſera tenu de faire pour parvenir à la fixation des Eſtimations & des Tarifs de chaque nature de Biens, Commerces & Vacations ; la troiſiéme preſcrira la forme de l'Impoſition.

ARTICLE PREMIER.
Diviſion générale
de cette Inſtruction.

PREMIERE PARTIE.

L'EXACTITUDE & l'uniformité dans les Déclarations devant contribuer, l'une à la facilité du travail, & l'autre à la juſte proportion que l'on ſe propoſe dans l'operation de la Taille tarifée, le Commiſſaire ne peut trop s'attacher à inſtruire quelques Syndics, Collecteurs, ou autres perſonnes intelligentes dans une Communauté, de la façon dont les Taillables doivent fournir leurs Déclarations : il doit à cet effet, auſſi-tôt la réception de nos Ordres, mander deux ou trois des Habitans qu'il eſtimera les plus intelligens & de meilleure volonté (en les choiſiſſant, autant que faire ſe pourra, de differens états) & les engager, de concert avec luy, & en ſa préſence, à dreſſer leurs Déclarations, pour ſervir d'inſtruction aux autres. Il obſervera de leur faire ſigner & certifier véritable, & de leur faire dénommer la quantité & qualité de chaque nature de Terres, ſoit labourables, Prez, Bois, Vignes, ou autres eſpeces ; ce qu'il tient en propre ou à loyer, tant dans la Communauté que ſur les Terroirs voiſins. Les Déclarations doivent pareillement contenir le détail des Uſines, Maiſons, Commerce, Vacations, le nombre & qualité des Beſtiaux, les Rentes actives & paſſives, & les hipotéques dont les Biens ſont chargés ; en un mot un détail éxact de tout ce qui peut conduire à une juſte répartition, ainſi qu'il ſera plus amplement détaillé dans la ſuite de cette Inſtruction.

I I.
Avis preliminaire
pour le choix de quel-
ques Habitans intelli-
gens pour inſtruire les
autres.

Comme la méfiance & la mauvaiſe volonté des Contribuables ſont les plus grands, & pour ainſi dire les ſeuls contredits de cette opération, le Commiſſaire doit s'attacher d'abord à convaincre les principaux Habitans que le véritable intérêt de chaque Taillable, en général & en particulier, eſt de fournir les Déclarations dans la plus éxacte verité, & leur faire ſentir que la Paroiſſe peut d'un côté ſe procurer un ſoulagement réel en faiſant connoître ſa véritable ſituation, & que de l'autre chaque Contribuable aſſure ſon état par un Tarif uniforme, qui le mettra pour toûjours à l'abry de cette jalouſie, qui l'oblige pour ainſi dire préſentement de négliger ſes talens, & par conſequent l'empêche de tirer de ſon induſtrie & de ſon travail les reſſources qu'il pourroit s'en procurer. Le Commiſſaire doit pareillement perſuader aux Habitans qu'il eſt de leur intérêt d'engager, même d'obliger chaque Taillable à fournir ſa Déclaration fidelle, ſans quoy ceux qui ſeroient de bonne foy ſeroient la victime des autres, puiſque le Tarif des Biens fonds, Commerce, Vacation, In-

I I I.
Neceſſité de faire
connoître aux Tailla-
bles les avantages de la
Taille tarifée.

A ij

ꝺuſtrie, & des Beſtiaux, deviendroit plus fort à proportion de la diminution en quantité & qualité de chaque nature de biens.

Le Commiſſaire choiſira une perſonne, ſoit Collecteur, Syndic ou autre, qu'il chargera de faire publier nos Ordres, & de recevoir éxactement les Déclarations des Habitans, ſur leſquelles il tâchera de l'engager à faire ſes obſervations particulières ſur les omiſſions ou fauſſes énonciations qu'il pourra y remarquer. Ces Nottes ſecrettes pourront infiniment contribuer à l'éxactitude que le Commiſſaire doit ſe propoſer.

Il chargera ce Particulier d'inſtruire ceux qui ſeroient embaraſſés dans la forme de leurs Déclarations, en leur communiquant pour modele celle qu'il aura (comme il a été dit cy-deſſus) rédigé avec le Commiſſaire.

Quelques-uns de Mrs. les Commiſſaires Nous ont propoſé (& Nous leur avons permis) d'envoyer dans les Communautez des Scribes intelligens pour recevoir & rédiger les Déclarations. Cette précaution peut être bonne, même plus commode & moins coûteuſe aux Taillables ; mais la rétribution de ces Scribes doit être fixée depuis 3. ſ. juſqu'à 10. au plus ſuivant la longeur, le papier & l'écriture de chaque Déclaration. Néanmoins Nous ſommes informes qu'il s'eſt commis ſur cela pluſieurs abus dont les Commiſſaires doivent Nous répondre, leur attention devant être, de ne ſe ſervir que de Perſonnes ſures. Pour y remédier, Nous ordonnons que le Scribe ſera tenu de mettre au bas de chaque Déclaration, le reçu de ce qu'il aura touché pour ſa rétribution, & en cas qu'il ſe trouve avoir reçû davantage, ſoit par forme de gratification ou autrement, Nous nous réſervons de le punir comme Concuſſionnaire.

En même tems que Nous permettons au Commiſſaire d'envoier un Scribe, Nous déclarons que les Taillables ne pourront être forcez a s'en ſervir ; ce doit être un arrangement volontaire, avec liberté entière pour ceux qui voudront écrire leur Déclaration, ou ſe ſervir de la main d'un de leurs amis, pourvû qu'il ſoit au fait, & que ſon écriture ſoit liſible & qu'il ſe conforme au Modele qui ſera envoyé par le Commiſſaire.

Nous obſerverons auſſi qu'il ſeroit à ſouhaiter, que le Scribe dont le Commiſſaire ſe ſervira, fût de la Paroiſſe, comme le Maître d'Ecole, Buraliſte ou autre, parce que la rétribution par Cotte en ſeroit moins forte, & que d'ailleurs connoiſſant les facultés des Taillables, il pourroit beaucoup contribuer à l'exactitude de leurs Déclarations.

Le Commiſſaire donnera Ordre au particulier dont il aura fait choix, de luy faire repaſſer les Déclarations à meſure qu'il en aura reçû un nombre ſuffiſant, & faiſant uſage de ſes connoiſſances particulières & des obſervations qui lui auront été fournies, il fera au bas de chacune ſes réflexions, & un relevé de ce qu'elle contient ; ce qui luy ſervira non ſeulement à former ſon Dépoüillement général, mais encore abregera infiniment ſon travail, loſqu'il ſera queſtion de communiquer les Déclarations aux autres Habitans aſſemblés, ainſi qu'il ſera preſcrit dans la ſuite.

Si dans cet Examen le Commiſſaire trouve quelque Déclaration viſiblement fauſſe ou trop mal libellée, il la renverra au Taillable avec une Inſtruction particulière, & menace de Nous en porter ſes plaintes. Cette attention ſervira à mettre les autres en regle, & ne pourra faire qu'un bon effet dans la Communauté, en prouvant ſon éxactitude & ſa ſeverité.

Le Commiſſaire aura grand ſoin de s'inſtruire éxactement des premiers détails qui lui paroitront néceſſaires pour connoître la force & les reſſources de la Communauté ; il tâchera de prendre par lui-même, par ſes amis, ou gens du Pays, quelque fois même par les Seigneurs particuliers ou Curés qui voudront bien l'aider, les connoiſſances qui pourront lui être utiles pour ſon travail, & le conduire à une juſte répartition.

Lorſque le Commiſſaire aura un aſſez grand nombre de Déclarations, il indiquera aux Habitans un jour fixe pour ſe tranſporter dans la Communauté, ſi non il commettra une perſonne intelligente pour y aller à ſa place ; il choiſira un jour de Fête ou de Dimanche, & fera convoquer les Habitans au ſon de la cloche. Il commencera par vérifier ceux qui n'auront pas fourni leurs Déclarations, & les avertira ou fera avertir d'y ſatisfaire promptement, ſous peine d'encourir les peines cy-après détaillées, ſans eſperance de moderation ; enſuite il communiquera le Réſultat de celles qu'il aura en main, avec les obſervations qu'il y aura faites, ſur leſquelles il rectifiera autant qu'il ſera poſſible, les erreurs ou fauſſetés qui ſeront évidentes. S'il y a contradiction, il entendra les contredits ou reproches des autres Habitans, dont il tâchera de vérifier ſur le champ les principaux articles, & il en dreſſera un Procès-Verbal ſommaire.

Si le Commiſſaire prévoyoit une trop longue diſcuſſion, il fera choix de dix ou douze des principaux Habitans & plus honnêtes gens (en obſervant de mettre de ce nombre des Contribuables de toutes eſpèces, Laboureurs, Artiſans & Manouvriers, même quelque fois des moins hauts à la Taille, comme les plus intereſſés à découvrir les facultés des riches, qui pourroient ſe favoriſer entr'eux) il chargera ces dix ou douze Habitans de s'aſſembler jour ſur autre pour examiner toutes ces Déclarations, & y faire leurs obſervations, avec ordre de luy renvoyer le tout le plus promptement qu'il ſera poſſible, pour ne point retarder ſon opération.

Si

Si néanmoins, comme Nous en avons eu quelques exemples l'année dernière, le Commissaire remarquoit un concert frauduleux entre tous les Habitans pour diminuer une partie des Biens de leur Communauté, il aura soin de Nous en donner avis, en Nous indiquant les soupçons qui le conduisent à présumer cette fraude. Nous nous réservons de prononcer des peines contre les principaux auteurs de cette manœuvre, ainsi que Nous avons fait dans quelque Communauté ; Il tâchera de découvrir autant qu'il pourra la vérité & de les y ramener, soit par menaces ou par douceur. Mais s'ils persistent dans leur fausseté, il prendra pour lors le parti de forcer les Tarifs à proportion de la quantité & qualité des Biens qu'ils auront déclaré. Car pourvû que la forme soit bien observée dans un Rolle tarifé, & que le Commissaire soit en état de connoître la véritable situation d'une Communauté, & de Nous expliquer la raison de la surtaxe apparente ; Il Nous sera absolument égal que les Tarifs y soient aux Dix sols ou au sol pour livre. Peu à peu certains Habitans se lasseront d'être la victime de la fraude des autres, & on peut laisser à leur intérêt particulier le soin de ramener ce petit nombre de Taillables injustes à la règle de proportion dont ils veulent s'écarter.

Lorsque le Commissaire aura rassemblé toutes les Déclarations des Habitans, & qu'elles auront été ainsi discutées par les personnes qu'il aura choisies, il fera un relevé particulier au bas de chaque Déclaration, qui contiendra la quantité & qualité de chaque nature de Biens que fait valoir le Taillable, en distinguant celles qu'il a à Loyer ou en Propre, soit Terres, Prez, Bois, Maisons, Usines, Bestiaux, Commerce, Vacation, simples Artisans Manouvriers, Veuves & Filles tenans Ménage, & généralement tout ce qui peut entrer dans son Rolle & être sujet à la Taille.

Ce Relevé particulier de chaque Déclaration ainsi formé, le Commissaire sera pour lors nécessairement obligé de se transporter lui-même dans la Communauté ; à l'effet de quoi il indiquera huitaine auparavant un jour fixe de Fête ou de Dimanche, & à son arrivée fera convoquer une assemblée générale au son de la cloche ; là, il communiquera le résultat de chaque Déclaration, en commençant par les plus fortes & celles des Habitans les plus hauts à la Taille, avec les nottes de ceux qu'il aura nommé pour les examiner & contredire ; il réformera tout ce qui sera convenu & avoué unanimement par les Contribuables, & dressera un Procès verbal sommaire des objets contestés, en réservant pour les Articles douteux la justification dans trois jours du contraire des faits allegués, si non ils seront tenus pour constans, & il suivra les indications des Habitans. A l'égard des absens ou ceux en retard de fournir leurs Déclarations, il prendra pareillement les indications des Collecteurs ou autres Habitans sur la Ferme qu'ils exploitent, s'ils sont Fermiers, sur le nombre de leurs Bestiaux, Chevaux ou autres Biens particuliers, sur leur Commerce, s'ils sont commerçans, sur le produit de leur métier ou de leur travail s'ils sont Artisans ou Manouvriers, & se réservera lors de la confection du Rolle, de former leurs Cottes sur les Déclarations qui lui auront été faites par les autres Habitans, sauf à Nous à lui prescrire dans la suite de cette Instruction, les peines qu'il infligera, tant aux faux Déclarans qu'à ces réfractaires aux Ordres du Roi.

Le Commissaire aura soin dans ce second voyage de reconnoître & examiner attentivement la qualité des Terres & la situation du terrain, le plus ou le moins d'aisance des Habitans, l'état des Maisons & le produit des Bestiaux, le Commerce, les Usages, soit en Bois, Prez ou Terres labourables, & leur produit, soit qu'ils soient loués ou qu'ils les partagent entr'eux, en un mot tout ce qui pourra le conduire à connoître & à Nous indiquer les forces & les ressources de la Paroisse & de ceux qui la composent. Cette attention lui servira à parvenir dans la suite à une plus juste estimation des fonds, & par une suite nécessaire à la fixation du Tarif de chaque nature de Biens, Commerce, Vacation, Industrie, taxe de Bestiaux, ce qui fait la baze & le fondement de l'opération de la Taille tarifée.

Mais avant de traiter cet objet, il est essentiel d'observer que le Commissaire doit engager, s'il se peut, les Habitans à convenir de la valeur des Terres qu'il divisera s'il est possible, en trois classes, sçavoir, *Bonnes*, *Médiocres* & *Mauvaises*. S'ils veulent s'y prêter, ils sont plus en état que personne de la bien faire, mais s'ils refusent de donner leur avis, le Commissaire aura soin de se faire réprésenter quelques Contrats de vente de chaque nature de Biens, faits depuis peu dans cette Communauté dont il prendra une notte, en tout cas il conviendra avec les Habitans des cantons qui seront mis dans chaque classe, il constatera pareillement quel peut être le prix commun de la journée du Manouvrier & de l'Artisan, sauf à les distinguer par la suitte en differentes classes, comme il sera cy-après expliqué. Il conviendra d'une mesure uniforme pour toutes les Terres, c'est-à-dire il reduira l'Arpent ou le Journel à tant de pieds, enfin il constatera avec eux la quantité d'Arpens à la roye, qui pourront caractériser le véritable Laboureur, & l'éxemter de la Cotte d'Industrie.

Il tâchera de se concilier avec eux sur tous ces objets, mais en cas de contestation, ou mauvaiſe volonté, il ne ſera pas tenu de s'aſtreindre à leur avis, il en ſera ſeulement mention dans le Procés verbal qu'il en dreſſera, & qu'il nous enverra avec les obſervations particulières, & les motifs de la fixation qu'il nous propoſera; Nous aurons ſoin de lui mander promptement & éxactement notre déciſion.

SECONDE PARTIE.

Règles à obſerver pour parvenir à l'éxactitude des Eſtimations & Tarifs, avec les Principes ſur toutes les parties qui doivent compoſer le Rolle

XV.
Obſervations préliminaires ſur la première operation du Commiſſaire.

LE Commiſſaire de retour chez lui, mettra toutes ces Déclarations par ordre alphabetique, & enſuite commencera ſon travail par le relevé général de tous les Biens qui compoſent la Paroiſſe, afin de conſtater la quantité & qualité de chaque nature d'iceux, en réduiſant, comme il a été dit cy-deſſus, toutes les Terres à la même meſure, ſoit Terres labourables, Prez, Bois, Vignes, Chenevières Ozerayes, Vergers, Jardins ou autres eſpèces de Terres, & diſtinguant celles tenuës à Loyer ou en Propriété, de celles où la Propriété & Exploitation ſeront'réunies. Il tirera pareillement l'état de tous les Beſtiaux, Chevaux, ou autres animaux propres au labour & à l'engrais des Terres. Il fera auſſi mention du produit des Baſſes-Cours en volailles, ſi l'objet peut meriter attention, comme auſſi des Ruches à miel, s'il y en a ſuffiſamment pour faire un profit réel; enſuite il fera l'Etat des Rentes, Maiſons & Biens-Fonds, & généralement de toutes Uſines & autre nature de Biens-Fonds pareillement tenus à Loyer ou en Propriété; enfin il tirera la notte du nombre & de la qualité de chaque eſpèce de Commercans, Artiſans, Manouvriers, Veuves ou Filles tenans menage.

XVI.
Reflexions ſur un projet de Table ou Carte générale que Nous propoſons aux Commiſſaires.

Pour parvenir avec plus de facilité à faire ce relevé général, Nous joindrons à la préſente Inſtruction, un modele de Carte ou Table dont quelques Commiſſaires ſe ſont ſervi avec ſuccés & que Nous avons adopté.

Le Commiſſaire ayant arrangé ſes Déclarations par ordre alphabetique, commencera par remplir la Colonne deſtinée, par le nom du Contribuable, puis ſuivant Colonne par Colonne, il les remplira du relevé particulier de toutes les différentes natures de Biens fonds ou autres, ainſi qu'il l'a préparé au bas de chaque Déclaration. Il eſt certain que ſuivant cette methode, il ſe trouvera inſenſiblement & avec peu de travail vis-à-vis d'une Carte générale qui lui préſentera toutes les natures de Biens d'une Communauté, avec toutes les diſtinctions néceſſaires pour en connoître la force & la véritable ſituation.

Le premier travail fini, il ne lui reſtera plus qu'à ſe déterminer ſur les Eſtimations & Tarifs qu'il fera, l'une ſur la valeur réelle des Terres, & l'autre à proportion de la Taille impoſée ſur la Communauté, & c'eſt ce qu'on peut apeller la ſeule & véritable opération qui demande le plus d'éxactitude & d'intelligence.

XVII.
Obſervations générailes ſur les Eſtimations & précautions qu'on peut prendre pour y parvenir.

Nous conviendrons néanmoins que c'eſt celle ſur laquelle Nous pouvons lui donner moins de règles générales & de principes certains, en éfet il eſt ſenſible (comme Nous venons de le dire) que l'Eſtimation des Terres, & la fixation du Tarif qui doit ſuivre en conſéquence, ne peut dépendre, l'une que de la valeur réelle des Terres, qui varie ſuivant la quantité & ſituation des Biens, & l'autre que de la quotité de la Taille qui eſt aſſignée à la Communauté; la ſeule obſervation juſte que Nous puiſſions faire, eſt que le Commiſſaire ne doit point porter ſes Eſtimations à un prix trop fort ni trop foible, il doit les faire comme une priſée à l'amiable, même s'il eſt poſſible au plus favorable, mais ſans trop de complaiſance.

Il eſt vray néanmoins de dire qu'il ne faut point regarder ces évaluations comme une opération totallement arbitraire; il eſt de ces régles, ou pour mieux dire, des comparaiſons par leſquelles on peut parvenir, ſi non à une parfaite éxactitude, du moins à aprocher beaucoup de la verité. Premièrement, un Commiſſaire zèlé & intelligent, comme Nous l'avons déja remarqué ci-deſſus, a dû prendre l'avis des Habitans, ou, en cas de refus de leur part, a dû ſe faire répréſenter quelques Contrats de vente faits depuis peu dans cette Paroiſſe; en s'aſſûrant par là de la valeur réelle des meilleures Terres, elles lui ſerviront inſenſiblement de règle pour les autres; il peut encore ſe faire raporter les Baux les moins ſuſpects, & qui ont la réputation d'être à leur plus juſte valeur; en comparant le nombre d'Arpens avec le prix du Bail, il peut juger de leur produit, & par conſequent de leur valeur, reduit à celle des Biens fonds, & par une ſuite de combinaiſons il pourra ſe raprocher de la valeur des differentes natures de Terres, en les diſtinguant par la difference des fruits qu'elles produiſent; en effet l'une raporte du froment, l'autre du méteil, & l'autre du ſeigle & de l'avoine, cette différence de productions le conduira à faire insensiblement l'Estimation de ces trois différentes classes.

Il est essentiel de faire en passant une observation au Commissaire, qui est, que pour les Baux à ferme en argent, à moitié, tiers franc, stipulations de grains, voitures ou autres clauses, il ne doit point y avoir égard, comme il se pratiquoit anciennement, l'Imposition ne doit point dépendre du prix des Baux. Chaque Laboureur ou Fermier est obligé de donner sa Déclaration détaillée par quantité & qualité des Arpens, Journels ou autres mesures de Terres ou de Biens qu'il fait valoir, en spécifiant en quelle nature d'exploitation elles sont.

XVIII.
Le Commissaire ne doit point s'en tenir à la représentation des Baux, attendu les inconveniens qui en résulteroient.

En effet il résultoit un véritable abus de suivre le prix des Baux pour règle de l'Imposition, puisque des Biens de valeur égale s'afferment tous les jours plus ou moins, suivant l'habileté du Propriétaire, ou le défaut d'intelligence du Locataire ; en ce cas le Fermier qui faisoit le moins de profit étoit le plus taxé, au lieu qu'en suivant le nombre d'Arpens, & la quantité & qualité des Terres, la justice sera égale pour tous ; il n'y aura que le Laboureur vigilant qui trouvera la récompense de son travail, au lieu que celui qui négligera ses labours, les fumiers ou autres amandemens propres à faire valoir sa Terre, trouvera la punition de sa négligence.

Cette surcharge aparante pour les malheureux & les moins intelligens, loin de décourager les Taillables, excitera au contraire leur vigilance, & cette émulation si désirable dans tous les États. On observera d'ailleurs que l'ancienne Méthode de suivre les Baux à la lettre, donneroit lieu à des détails infinis, puisque dans la plûpart il se rencontre des prestations en espece, ou en grains, d'autres en voitures, des réserves, des charges de payer au Seigneur, ou autre stipulation qu'il faudroit aprécier, l'Estimation des grains seroit pareillement sujette à variation, ensorte qu'on seroit contraint de remanier presque tous les ans en entier les Registres de proportion ou Rolles des Tailles, suivant qu'il surviendroit du changement dans les Baux, au lieu que l'Imposition par Arpent coupera non seulement cours à toutes les fraudes & Baux simulés, mais établira encore la Répartition sur des principes si stables, qu'il n'y aura plus de changement a faire que celuy des noms, ou tout au plus un Marc la livre nouveau à tirer sur chaque Tarif, en cas d'augmentation ou diminution sur la Paroisse.

Ceux qui tenans à loyer des Fermes ou autres natures de Biens, dont ils auront démembré quelques portions hors de leur portée, qu'ils ne feront point valoir, ne feront imposez qu'à la déduction de cette portion qui se trouvera exploitée par d'autres, en les taxant néanmoins à proportion du bénéfice qu'ils peuvent faire sur leurs Sous-Baux, ainsi qu'il sera plus amplement expliqué cy-après au Titre des Admodiateurs ou Fermiers Généraux.

XIX.
Uniformité d'Impositions pour tous les Laboureurs.

Peut-être objectera-t-on qu'il y a de l'inconvenient à ne faire aucune différence entre deux Laboureurs qui ont chacun un même Bail, & la même quantité de Terres, dont la fortune cependant est infiniment différente ? Mais outre qu'il est juste que le plus industrieux profite du fruit de son travail, on peut d'ailleurs observer que ce Laboureur que l'on supose plus riche que l'autre, ne l'est pour l'ordinaire que parce qu'il a du Bien en propre, soit dans la Paroisse ou ailleurs, ou des Rentes ou d'autres Fonds, & qu'étant employé pour tous ses differens Revenus, il payera par conséquent une Taxe plus forte que le premier.

Les Taxes qui seront mises sur les Bestiaux, comme il sera cy-après expliqué, opéreront aussi une plus forte Imposition sur les Fermiers riches qui sont en état d'avoir de forts Troupeaux, des Vaches, des Moutons, & autres Bestiaux, & ils payeront davantage que ceux qui n'en ont point, ou qui n'en ont que de foibles.

XX.
S'en tenir aux Baux pour les Fermes données à loyer dans d'autres Communautez.

À l'égard des Propriétaires qui auront donné des Fermes à loyer hors leur domicile & qui auront demandé d'y être imposé pour raison de ces mêmes Fermes, conformément à la Déclaration de 1728. ils seront taxés pour la Propriété sur la réprésentation de leurs Baux bien constatez, sans détail du nombre d'Arpens, dont elles sont composées, arendu que les Terres d'une autre Communauté pouroient avoir une autre valeur, & par conséquent une Estimation différente.

Quant aux Habitans qui peuvent exploiter des Terres sur les Communautés voisines il faut partir de deux principes généraux, l'un que le Fermier ne doit être taxé pour tous les Biens dépendans de la Ferme, que dans la Paroisse où le chef-lieu de cette Ferme se trouve située, quoyqu'il y ait des Terres dépendantes dans les Paroisses voisines ; L'autre que tous les Fonds devans payer la Taxe d'exploitation dans la Paroisse où ils sont situés, les Habitans de la Paroisse tarifée doivent être taxés pour leur Exploitation dans les Paroisses voisines de plein droit, & ne peuvent l'être dans la Paroisse de leur domicile, qu'autant qu'ils auroient fait signifier au terme de la Déclaration de 1728. qu'ils veulent y être imposés.

De ces principes il résulte que s'il se trouve quelques Terres dépendantes d'un corps de Ferme, situées dans la Paroisse tarifée dont le fond seroit néanmoins d'un Terroir voiſin, ces Terres doivent être impoſées dans le lieu de la ſituation du corps de la Ferme. Mais ſi ce ne ſont que de petites parties de Terres détachées, ſituées ſur les Communautés voiſines, en ce cas elles doivent être taxées dans le lieu de l'exploitation, à moins toutes fois que l'Habitant de la Paroiſſe tariſée n'ait fait ſignifier aux deux Communautés qu'il veut être impoſé dans le lieu de ſon domicile, auquel cas il faut ſuivre, comme à l'Article ci-deſſus, & par les mêmes principes, le prix de ſon Bail.

A l'égard des Particuliers Etrangers qui exploitent des Terres ſituées ſur le Terroir de la Paroiſſe tariſée le Commiſſaire doit avoir ſoin de ſe faire donner un Etat par les Collecteurs, Syndics ou autres principaux Habitans, de ces Particuliers, & en quoy conſiſtent leurs exploitations ; en conſéquence duquel il leur ſera donner un avertiſſement d'en fournir leurs Déclarations, ſupoſé néanmoins qu'ils n'ayent pas pareillement déclaré qu'ils entendent être impoſés dans les Communautés de leur domicile, auquel cas il faut qu'ils juſtifient des Impoſitions qu'ils ont eû en conſéquence ; mais s'ils n'ont point ſatisfait aux Règlemens, & qu'ils ne juſtifient point de ce qu'ils payent dans la Communauté voiſine pour leurs exploitations, ils doivent être impoſés à proportion du Tarif général des Terres.

Il eſt bon néanmoins d'obſerver que comme cette règle dégénereroit dans un trop grand détail, ſi on étoit contraint de faire cette recherche pour de petites parties de Terre qui ne peuvent former un objet, le Commiſſaire ne doit y avoir égard que lorſque cette exploitation ſera de plus de deux ou trois Arpens au moins.

Il y a, ſuivant les Elections, de differens uſages ſur le tems auquel on doit ceſſer d'Impoſer dans les Rolles de la Taille les Fermiers ſortans, & commencer à Impoſer ceux qui leur ſuccedent dans l'exploitation des mêmes Fermes, néanmoins en fait de Taille tariſée il eſt néceſſaire de s'aſſüjetir à une règle fixe & certaine.

L'uſage le plus généralement obſervé eſt de ne faire payer la Taille qu'à celui qui a fait la recolte.

L'Article XXV. de l'Edit de 1643. porte que celui qui prend une Ferme dans une autre Paroiſſe, & qui pour la faire valoir transfere ſon domicile, ne ſera taxé dans la Paroiſſe d'où il ſortira qu'une année après ſa Tranſlation de domicile dûëment ſignifiée, & ſera taxé en ſa nouvelle demeure après l'an & jour paſſés de ladite Tranſlation, eû égard à ſes biens & facultés.

La Déclaration de 1683. s'explique en ces termes : *Ceux qui transfereront leur domicile dans une Paroiſſe pour y faire valoir quelque Ferme, & qui ceſſeront de travailler à la culture des Heritages de la Paroiſſe d'où ils ſont ſortis, ſeront impoſés une année ſeulement dans la même Paroiſſe, après lequel tems ils ſeront taxés dans celle de leur nouvel établiſſement.*

De ces principes, il réſulte qu'il faut qu'un Fermier ait demeuré un an dans une Paroiſſe pour y payer la Taille, & par conſequent qu'il ait fait une recolte pour être Impoſé, car pendant cette année où il eſt franc de Taille dans la nouvelle Paroiſſe, il fait les labours, les ſemences & la recolte de ſes Terres qui font l'objet de l'Impoſition à laquelle il ſera compris l'année ſuivante.

A l'autorité de ces règlemens, ſe joignent une infinité de raiſons à la force deſquelles il n'eſt pas poſſible de ſe refuſer.

Si on impoſe au mois d'Octobre 1739. qui eſt le tems de la confection des Rolles de 1740. un Fermier entrant, qui n'a fait que ſemer & labourer, & qui ne dépouillera que la recolte de 1740. une grêle, une inondation, des orages peuvent anéantir ſa moiſſon, les Collecteurs ſeront pour lors ſans reſſource pour ſe faire payer.

D'ailleurs le premier quartier de l'Impoſition de 1740. à laquelle ſetoit compris ce Fermier, étant éxigible au premier Decembre 1739. le ſecond au premier Mars, & le troiſiéme au premier May ſuivant ; comment pourroit-on raiſonnablement éxiger de ce nouveau Fermier trois quartiers de Taille, avant qu'il eut fait de recolte ? il faudroit donc que les Collecteurs avançaſſent ſon Impoſition de leurs propres deniers, & en cas d'accident, quel recours pourroient-ils avoir ſur ce Fermier ? au lieu que l'Impoſition de 1740. ne ſe faiſant que ſur le Fermier qui a dépoüillé en 1739. cette Impoſition eſt ſolide & aſſürée ; on connoît s'il a dépoüillé peu ou beaucoup ; leur gage eſt certain, & la levée eſt ſans difficulté.

Les Fermiers entrans ne ſeront donc impoſés qu'après avoir fait une recolte dans leur nouvelle Ferme, & ce ſeront les Fermiers ſortans qui ſeront impoſés à la Taille pour la recolte de l'année précédente.

Néanmoins comme dans le nombre de ces Fermiers entrans il peut s'en trouver qui ayent fait la ſemence & la dépoüille des Mars, & que les Fermiers ſortans n'ayent fait que les gros grains, en ce cas, & ſuivant le principe ci-deſſus, l'Impoſition doit ſe partager, l'un & l'autre Fermier ayant dépoüillé & fait le bénéfice de l'Exploitation qui eſt l'objet de l'Impoſition. Ainſi le Fermier entrant payera à proportion de la quantité de Terres en Mars qu'il aura dépoüillées, & le Fermier ſortant celle des Terres en gros grains qu'il aura dépoüillée avec la taxe entière pour le reſte des Terres, comme

auſſi

auſſi pour les Chevaux & Beſtiaux qu'il y avoit , de laquelle ſera diſpenſé le Fermier entrant, attendu qu'il n'a encore retiré aucun profit de ceux qu'il peut avoir, & qu'ils ne lui auront au contraire occaſionné que de la dépenſe.

Quant à la fixation des Tarifs, elle doit entierement dépendre de la quantité de chaque eſpece de Biens de toute nature, du nombre des Contribuables, de leur Commerce, ou Vacation, le tout à proportion de la ſomme que le Commiſſaire peut avoir à répartir ſur la Communauté. En effet il eſt des Terres dont le fond peut valoir Sept & Huit cens livres, même plus, comme il eſt des Généralités où le Tarif va juſqu'aux Cinq & Six ſols pour livre.

XXII.
Oſervations préliminaires ſur la fixation des Tarifs, & réponſe aux inconveniens qui pourroient ſe trouver une première année.

Il eſt vray que le Tarif pourra ſe trouver une première année ou trop fort ou trop foible, eû égard aux Eſtimations des Terres & autres Biens, c'eſt un mal auquel il eſt impoſſible de remédier, attendu l'Impoſition pour ainſi dire arbitraire, que Nous avons été juſqu'ici obligés de faire ſur les Communautés ; c'eſt auſſi le principal avantage qu'on doit enviſager du travail de la Taille tarifée éxactement ſuivi , puiſqu'en embraſſant un certain canton ſucceſſivement, il peut viſiblement conduire à connoitre les Communautés plus ou moins chargées (difference qui n'échape que trop ſouvent à l'attention des Officiers de l'Election , à celle des Receveurs des Tailles , & aux differentes connoiſſances que peuvent Nous donner nos Subdélégués ou autres perſonnes de confiance.) Le même inconvenient pourra ſe trouver par une ſuite néceſſaire pour les Tarifs du Commerce ou Vacation, qui doit être plus ou moins fort ſuivant le nombre qu'il y en a dans la Communauté , mais toûjours à proportion du Commerce & de la ſituation des Communautés ; en effet il eſt ſenſible que le Commerce & les Journées des Artiſans & Manouvriers ſont plus ou moins fortes dans une Communauté ſituée à portée des grands Chemins & des grandes Villes, comme il eſt ſenſible que l'Eſtimation d'une Terre ſituée dans les Communautés de la Champagne-poüilleuſe eſt moins forte que celle du Baſſigny, de la Vallée de Bourg ou du Perthois. Il doit donc réſulter de ces obſervations préliminaires que l'Eſtimation doit ſe faire ſuivant la valeur réelle des Terres ; & le Tarif , ſuivant la quotité de la Taille dont le Commiſſaire doit remplir le Rolle.

Néanmoins, pour traiter la matière avec ordre, Nous allons expliquer plus amplement les Intentions du Conſeil ſur toutes les natures de Biens qui peuvent ſe trouver dans les Communautés & Nous indiquerons aux Commiſſaires les Régles qu'ils pourront obſerver ſur chaque Article, le tout le plus clairement & le plus ſommairement qu'il Nous ſera poſſible. Après quoy Nous ajoûterons à la ſuite de la préſente Inſtruction, un Modele de Rolle, où Nous tacherons de préſenter une partie des differentes eſpeces de Cottes qui pourront leur ſervir de guide dans leur opération.

TERRES LABOURABLES.

IL ſeroit à ſouhaiter que le Commiſſaire fût en état de ne former qu'une ſeule claſſe de Terres labourables dans une même Communauté, ſans s'arrêter ſervilement aux differences que les Habitans pourront luy préſenter, cette uniformité abrégeroit infiniment le Travail, & baniroit l'Arbitraire que le Conſeil a tant à cœur de réformer, comme la ſource de toutes les injuſtices; néanmoins Nous ne pouvons diſconvenir qu'il eſt des cas où on ne peut ſe diſpenſer d'admettre de la diſtinction, à cauſe de la difference ſenſible qui ſe trouve dans les cantons differens d'une même Paroiſſe, où les Terres ſont d'une qualité & d'un produit inégaux ; auſſi le Conſeil permet-t'il en cas de néceſſité abſolue de diſtinguer trois claſſes; Sçavoir, *Bonnes, Médiocres & Mauvaiſes Terres.* Nous recommandons néanmoins au Commiſſaire de reſtreindre cette permiſſion autant qu'il poura le faire avec juſtice, en n'admettant ſouvent que deux claſſes; Sçavoir, *Bonnes & Mauvaiſes Terres.*

XXIII.
Reflexions ſur les Terres labourables , & ſur la difference des claſſes qui peuvent opever differens Taux.

En effet lorſqu'il s'agit de faire un Règlement général ſimple & non ſujet à variation, il faut préferer le bien public au Particulier; d'ailleurs il faut obſerver que les Taillables d'une même Paroiſſe, occupans preſque tous de Bonnes & Médiocres Terres de leur Terroir, ſont indemniſés de ce qu'ils payent de trop pour leurs Terres Médiocres par les Bonnes, dont ils payent moins; que d'ailleurs un Laboureur qui n'exploite que de Médiocres Terres, en paye moins de Redevance, cette uniformité de Taxe engageroit les Laboureurs à fumer & améliorer leurs Terres Médiocres, pour ſe récupérer par là du tort qu'elles peut leur faire, ce qui, dans le principe politique, contribuëroit à l'augmentation du Commerce du Royaume.

Toutes les Terres labourables qui compoſent une Ferme, ſont ſujettes à l'Impoſition. Quelques Commiſſaires ont fondé leur doute ſur l'uſage d'en laiſſer repoſer ordinairement un tiers; mais le principe de Déciſion eſt fondé ſur ce que les Terres faiſant également & enſemble le prix du Bail & le revenû du Propriétaire, il n'eſt point douteux qu'elles ne doivent par conſéquent contribuer à l'Impoſition, ſoit qu'elles ſoient dans

XXIV.
Obſervations ſur les Terres qui ſe repoſent une ou pluſieurs années.

leur année de valeur ou de repos, ce que l'on nomme communément Terres en *Jachere*, supofant même qu'on les fît raporter tous les ans, comme dans le Voifinage des grandes Villes ou Villages ; le fentiment des perfonnes les plus au fait de l'Agriculture, eft que, comparaifon faite du prix de la location, des frais de fumier & de façon, avec leur produit, elles ne raportent point en trois ans un profit plus confiderable à leurs Maîtres que celles qu'on laiffe repofer.

Peut-être objectera-t'on qu'il y a des Cantons dans la Province dont les Terres ne produifent que tous les fept ou huit ans, & qu'il feroit injufte de faire payer à ces mêmes Terres un tribut annuel ; Nous répondrons que l'Eftimation de ces Terres doit être fi baffe, que leur Tarif fera proportionné à leur produit momentané.

XXV.
Diftinction des Terres exploitées par les Propriétaires.

Une obfervation générale que Nous devons faire, non feulement pour les Terres, mais même pour toute autre nature de Biens qui font exploités par les Propriétaires, eft, qu'elles doivent payer le double de celles qui font fimplement entre les mains des Fermiers. La raifon eft que l'Exploitation fe trouvant réunie avec la Propriété, le Propriétaire eft cenfé faire un double profit fur le fimple Exploitant. Exemple : les bonnes Terres labourables d'une Communauté feront eftimées Quatre cens livres, les médiocres Deux cens, & les mauvaifes Cinquante livres l'Arpent. Le Tarif général fera de Deux fols pour livre, plus ou moins, pour l'Exploitation, le Propriétaire exploitant fera aux Quatre fols pour livre, c'eft-à-dire Deux fols pour la Propriété & Deux fols pour l'Exploitation.

XXVI.
Exemption des Privilegiez Nobles, ou Habitans des Villes franches.

Nous fupofons néanmoins que le Propriétaire foit Taillable, & qu'il foit réfidant dans la Communauté, car s'il n'y demeure pas, ou qu'il foit Privilégié, Noble ou Habitant de Ville Franche, ou domicilié dans une autre Province, ou même Etranger, en ce cas il ne peut être Impofé, parce que s'il eft Noble, il joüit de fon Privilége, & que s'il eft Habitant de Ville Franche, il eft cenfé y payer la Capitation à proportion de fes facultés ; en ce cas la Cotte de propriété fera en pure perte pour la Communauté : mais s'il eft Taillable, & qu'il n'ait pas fait fignifier dans la Communauté de fon domicile qu'il eft Propriétaire de ce Bien, & qu'il entend y être Impofé ; qu'il ne juftifie pas même de l'Impofition qu'il y porte, en ce cas il pourra être taxé pour fa Propriété même pour l'Exploitation s'il fait valoir.

XXVII.
Luzernes & Sains-Foins.

Les Luzernes ou Sains-Foins qui font Terres labourables, dans leur origine, & qui doivent néceffairement y revenir, feront comprifes dans les Terres labourables de la première claffe.

XXVIII.
Chaque nature de Terre doit avoir fon Eftimation particuliere.

Chaque nature de Terre doit auffi avoir fon Eftimation particulière, c'eft-à-dire, l'Arpent de Terres labourables à tant, celui de Bois à tant, celui de Chenevières à tant, les Prez de même, les Vignes, Jardins & Enclos, en un mot le produit de chaque efpece de Terre étant different, il eft jufte d'établir une difference d'Eftimation & de Tarif.

Ces deux dernières Obfervations auront lieu pour toutes les autres natures de Biens cy-après détaillés, où le Commiffaire fuivra cette règle, fans que Nous foions obligés de la rapeller.

XXIX.
Précautions à prendre fur les dénominations des Laboureurs.

Le Laboureur uniquement occupé de fa Ferme, ne devant plus avoir de Cotte perfonnelle ni d'Induftrie, le Commiffaire aura attention de ne fe point laiffer furprendre par la dénomination de Laboureur que fe donneroient des particuliers qu'aïans un ou deux Chevaux, feroient fimplement valoir quelques Arpens de Terre, & le refte du tems feroient des voitures ou travailleroient comme Artifans ; en ce cas, le Commiffaire les impofera d'abord comme Laboureurs de quart ou de demie Charuë, eû égard au nombre & à la qualité de Terres qu'ils font valoir, enfuite pour leur Commerce en voiture s'ils en font, on en labour pour autrui, fi non comme Artifans ou Manouvriers, fuivant le gain qu'ils y peuvent faire, & cette feconde Cotte fera nommée Cotte d'Induftrie, ; mais afin d'obferver fur cela une règle uniforme, & ne point donner lieu à des répréfentations inutiles de la part des Habitans, qui fe reprocheroient entr'eux quelques voitures de hazard, ou autres petits ouvrages qui ne meriteroient point d'attention, le Commiffaire (comme Nous l'avons dèja remarqué cy-deffus) aura foin de fixer en connoiffance de caufe dans une Paroiffe & du commun confentement des Habitans, le nombre d'Arpens de Terres qui pourront fuffir pour caractérifer le véritable Laboureur, & l'exemter de la Cotte d'Induftrie.

XXX.
Diftinction de Terres exemtes de Dixmes & exes rs

On doit obferver qu'en faifant la fixation des Terres, il faudra mettre une diftinction entre celles exemtes de Droits de Dixmes & Champars, en fe règlant fuivant les lieux fur la difference que la perception de ces Droits peut opérer dans le produit.

Le motif de cette diftinction eft, que les Evaluations générales étant faites fur le pied de ces Droits, qui font prefque univerfellement établis, il eft jufte que celui qui a une Ferme qui fe trouve dans une efpece differente à la Loy générale, & exemte de ces Droits, & qui fait par conféquent plus grand profit, paye davantage que celui qui y eft fujet, & qui eft obligé d'effuier toutes les incommodités que caufe la perception de ces Droits ; ainfi fi le Droit eft d'un dixième, le nombre d'Arpens fera augmenté à l'égard de ce Fermier de la même quantité en faisant sa Cotte, & ainsi des autres proportions.

Cette Observation aura lieu pour ces diférentes natures de Terre sujetes à ces Droits.

PREZ.

IL y a une diférence si marquée entre les Terres mises en Prez, qu'elles doivent être distinguées des Terres labourables, il y a même des Généralités où elles ont été imposées indistinctement au double des Terres labourables, néanmoins Nous nous en rapportons aux Commissaires pour le plus ou le moins de leur Estimation ; Nous leur observerons seulement que quant aux Prez ils ne doivent jamais admettre que deux classes au plus, *Prez hauts*, & *Prez bas*, encore est t'il nécessaire qu'il y ait une différence sensible, car sans cela il faut toujours s'attacher à simplifier l'opération.

BOIS.

LEs Bois Taillis doivent être Estimés de même que les autres Biens à tant par Arpent lorsqu'ils sont loüés, & que le Propriétaire Noble, Exemt ou Privilégié ne les exploite point par ses mains. Quant aux Bois de haute Futaye ils ne sont point sujets à Imposition, même quand ils seroient vendus à des Marchands Taillables, parce qu'ils sont regardés comme une diminution de Fond que le Seigneur prend sur son Bien.

Les Adjudicataires d'une coupe de Bois Taillis pour une ou plusieurs années, doivent également la Taille, étant certain qu'un Adjudicataire pour un an, fait dans son année d'Exploitation un profit proportionné, à celui qu'un Adjudicataire à plus long terme, fait dans plusieurs années ; & si tous les Taillables doivent au Roy le tribut de leur profit, le premier doit être taxé pour son année, comme les autres pour les leurs ; ainsi tous les Adjudicataires de Bois pour une ou plusieurs années, seront taxés à proportion de leur Adjudication.

Sous la dénomination de Bois de haute Futaye, que Nous avons déclarés cy-dessus exems de la Taille, ne doivent point être compris les Chênes anciens ou modernes qui se trouvent dans la vente qu'un Propriétaire fait annuellement de ses Taillis, la Taille se prendra sur le prix total de la vente sans distinction, en suivant toûjours le Marc la livre des autres Biens de la Paroisse.

OZERAYES:

CEtte espece de Bois demande une fixation particulière, comme étant plus lucrative au Propriétaire que les autres, on y fait annuellement une recolte, & le produit en est avantageux sans être sujet à aucunes charges, néanmoins Nous en laissons pareillement l'Estimation au Commissaire, le revenu devant être plus ou moins fort, suivant que les Ozerayes sont situées plus ou moins avantageusement, soit pour le fond du Terrain, soit pour la facilité du débit.

JARDINS ET ENCLOS.

LE Commissaire fera pareillement l'Estimation des Jardins & Enclos des Contribuables, soit qu'ils raportent Fruits, Légumes ou Foins, & cette Estimation doit se faire comme les autres dans l'esprit d'une prisée à l'amiable & suivant le nombre d'Arpens ou de Verges qu'ils contiendront, mais toûjours sur le Tarif général des autres Biens.

VIGNES.

CEtte nature de Bien demande pour l'Estimation toute l'attention du Commissaire, car dans cette Province plus que dans toute autre, il y a une difference sensible entre Arpent & Arpent, la valeur dépendant absolument de la situation plus ou moins avantageuse. Personne n'ignore qu'une Vigne située sur un coteau, à une bonne exposition & dans une veine de terre favorable, triple & au-delà la valeur d'une autre ; aussi peut-on dire qu'en fait de Vignes, les differentes classes sont plus nécessaires que pour tous les autres biens, sans cependant que le Commissaire puisse en former plus de trois ; sçavoir, *Bonnes*, *Médiocres*, & *Mauvaises*. Il faut néanmoins observer qu'il ne convient point de porter les Estimations de Vignes à toute la rigueur de la valeur pour ainsi dire imaginaire qu'on leur a donnée dans de certaines contrées, parce que si d'un côté leur produit est plus fort que celui des autres biens, il est aussi plus casuel,

& les frais en font plus forts ; ces confiderations doivent donc entrer dans la fixation
que le Commiffaire en fera.

MAISONS.

XXXVI.
Traitement particu-lier que le Commiffaire doit obferver pour les Maifons.

POur les Maifons tenuës ou données à loyer dont les Baux feront autentiques &
non fufpeds, le Commiffaire s'en raportera au prix du Bail, mais en cas de fraude
apparente, il en fera l'Eftimation.

Pour y proceder avec régularité, il faudra avoir égard aux differens quartiers où
elles feront placées, attendu que la fituation influe beaucoup fur la valeur, & fpécitier
de combien de travées ou étages elles feront compofées.

Lorfque le Propriétaire occupera fa Maifon, on obfervera la même règle que pour
les Terres exploitées par le Propriétaire, c'eft-à-dire qu'il payera le double du fimple
Locataire.

Les Bâtimens des Fermes feront auffi eftimés, attendu que les Terres que les Fermiers
exploitent étant évaluées fur le prix commun, il eft jufte qu'ils contribuent pour
raifon de leur habitation, comme les autres Taillables qui n'ayans que des portions de
Terres détachées payeront pour les Maifons qu'ils feront obligés de tenir à loyer. On
obfervera néanmoins, dans le cas ou un Fermier fe trouvera avoir des Bâtimens au-delà
de ce qui lui eft néceffaire pour fon exploitation, de lui en retrancher une partie dans
l'Eftimation qui en fera faite : & on aura auffi attention de n'arrêter ces fortes de Bâtimens que fur le pied des Maifons de la derniere claffe.

Quant à la taxe des Maifons, comme on eftime qu'il n'y a pas de Bien moins
avantageux, tant par rapport aux réparations continuelles aufquelles elles font fujettes,
que par ce qu'elles ne produifent rien aux Propriéraires qui les occupent, & font une
dépenfe onereufe aux Locataires, que d'ailleurs il paroît être de l'ordre public de donner aux Hommes la facilité de fe loger, & d'encourager les Propriétaires à entretenir
& réparer leurs Maifons, pour rendre les Villages peuplés & floriffans, & éloigner cette
idée de mifère que préfentent les ruines des Maifons, le Confeil a jugé que ce feroit
affé de tirer les Taux des Maifons fur le pied de la moitié des Terres, ce qui fait une
déduction de moitié pour les réparations & entretiens, en forte, par éxemple, qu'une
Maifon eftimée Soixante livres de revenu, fera tirée fur le pied de Trente feulement.

USINES.

XXXVII.
Déduction d'un quart à faire fur les Ufines, & règle qu'on doit ob-ferver pour leurs Efti-mations.

SOus le terme générique d'Ufines, Nous entendons comprendre les Moulins à Bled,
à Tan, à Foulon & autres, les Forges, les Briqueteries, les Etangs, les Fours
à Chaux, Preffoirs, Papeteries, Thuilleries, Droits Seigneuriaux, Droits de Marché,
Droits de Péages, Barages, Placages, Ponts, Bacs, Rivières, Pêches, & généralement toutes autres pareilles natures de Biens, dont la dénomination peut Nous écha-
per ; comme on ne peut connoître précifément leurs produits, ils feront employés
fuivant le prix des Baux rapportez par les Fermiers Déclarans, à la déduction du
quart, à caufe des réparations & des accidens aufquels ces fortes de Biens font fujets.

A l'égard de ceux dont les Baux ne feront point produits, ou qu'on foupçonneroit
de fraude, il feront eftimés à l'amiable, fur le rapport des Habitans, Collecteurs &
Adjoints, à la même déduction du quart pour les réparations ; s'ils font loüés ou
exploités par les Propriétaires, ils feront portés au double pour l'Exploitation & Proprieté réunie, avec la même déduction pour les charges

DIXMES ET CHAMPARS.

XXXVIII.
Pour les Dixmes & Champars fuivre le Ta-rif commun du fimple Exploitant.

ON fuivra la même règle, c'eft-à-dire, le prix des Baux, ou l'eftimation arbitraire
pour les Fermes des Dixmes & Champars, mais fans aucune déduction, la perception de ces Droits étant aifée & fe faifant fans frais. Ces Fermes doivent fuivre le
Tarif général de l'Exploitation des autres Biens de la Communauté.

COMMERCE.

XXXIX.
Ménagement que mérite le Commerce.

QUant au Commerce, comme il feroit dangereux & même contraire au bien public, de foüiller trop avant dans l'interieur de la veritable fituation des Commerçans,
il eft de la prudence du Commiffaire, de ne s'informer que fuperficiellement du profit
qu'ils peuvent faire, fans entrer dans le détail de leurs dettes ou credit, & de les taxer
en conféquence, mais toûjours moderément, c'eft-à-dire, d'eftimer à peu près le profit
qu'ils peuvent faire, eû égard aux fonds qu'ils peuvent avoir dans leur Commerce.

Rien

Rien n'est plus essentiel que de ménager cette partie à laquelle le Roi à intérêt d'accorder une protection visible. Il vaut mieux pécher par trop d'indulgence que d'user d'une trop grande sévérité ; les Commerçans étans précieux à l'Etat.

INDUSTRIE.

XL.
Principes à observer pour l'Émulation de l'Industrie.

IL en est de même de l'Industrie, on ne peut trop la ménager, afin d'exciter par là l'émulation des Taillables, elle seule peut rendre un Royaume florissant, & même il seroit dangereux de paroître y donner une attention trop marquée, puisque cette recherche feroit enfouir des Talens souvent bien profitables à l'Etat. Néanmoins on peut suivant les circonstances, porter modérément cette Cotte au profit que les Particuliers peuvent faire chacun dans leur état, & aranger le Tarif suivant le nombre d'Ouvriers si le Taillable est Artisan ; le nombre de Bêtes qu'il tuë s'il est Boucher, le nombre de pieces de Vin qu'il débite s'il est Cabaretier, le nombre de Métiers batans s'il est Manufacturier, le nombre de Garçons qu'il a s'il est Cordonnier, & enfin de même pour tous les états qui composent l'Industrie du Royaume.

ARTISANS.

XLI.
Règle à suivre pour la Cotte des Artisans.

CE que Nous venons de dire de l'Industrie, peut se raporter au Titre des Artisans, puisque Nous avons établi pour principe, que la Cotte d'Industrie qui est à proprement parler celle des Artisans, doit être plus ou moins forte, à proportion du plus ou moins de Travail ou de Débit qu'ils peuvent faire chacun dans leur état, néanmoins il est bon de distinguer le simple Artisan d'avec celuy qui peut avoir des Garçons ou Apprentifs, & une Boutique, plus ou moins forte.

En effet pour procéder à la Cotte des simples Artisans, le Commissaire doit Commencer par estimer le produit de sa Journée, en établissant s'il le juge à propos, trois classes eû égard à leur âge, à leurs infirmités, ou à celles de leurs femmes & au nombre d'Enfans qu'ils peuvent avoir. Puis prenans pour Règle de son Imposition le nombre de Deux cens Journées, à quoy on peut évaluer les jours de travail, il suivra pour Tarif de son Imposition le Vingtiéme de ces Deux cens Journées, c'est-à-dire dix Journées, en sorte que l'Artisan qu'on estimera pouvoir gagner Vingt sols, portera Dix livres ; celui qui n'en poura gagner que Douze, portera Six livres ; & celui qu'on croira ne pouvoir gagner que Huit sols ne sera taxé qu'à Quatre livres.

Nous ne proposons néanmoins cet Exemple que pour servir d'indication, car cette Estimation peut être trop forte ou trop foible suivant les circonstances. Nous observerons néanmoins en général que les Journées des Artisans & Manouvriers Nous ont parû l'année derniere fixée dans la plûpart des Elections, à un prix trop bas, ce qui a fait une surcharge trop forte pour les Biens fonds. On peut même politiquement observer qu'il est aussi nécessaire que les Journaliers & Artisans soient taxez raisonnablement, qu'il seroit dangereux de les surcharger ; cette espece de peuple grossier demandant à n'être point trop ménagé pour les forcer de travailler avec plus d'émulation & d'activité.

Outre cette Cotte pour ainsi dire personnelle, il faut avoir attention d'en donner une autre d'Industrie aux Artisans qui, comme nous l'avons observé, ont chez eux plusieurs Garçons ou Apprentifs, & cette Cotte d'Industrie doit se regler suivant le nombre qu'ils en peuvent avoir, & le profit qu'ils peuvent leur faire, & la règle particuliere que le Commissaire doit se former, est la Journée des Compagnons ou Apprentifs, à la moitié de celle de leurs Maîtres, & prendre pour règle le vingtiéme des Journées, comme nous l'avons préscrit pour les autres.

JOURNALIERS.

XLII.
Principes généraux pour la Cotte des Journaliers.

ON doit faire la même opération pour le simple Journalier, établir le même nombre de classes, & prendre dix Journées de même pour règle de son Imposition, en observant que son travail ne lui produit jamais autant que celui de l'Artisan. Le Commissaire doit aussi avoir la même attention de ne point trop le ménager par le même principe que nous avons cy-dessus expliqué.

Quant au Journalier, il ne doit point avoir de Cotte d'Industrie que celle de ses Journées à moins qu'il ne fasse quelques marchés particuliers, quelque Commerce étranger, ou qu'il n'ait quelques Chevaux avec lesquels il fasse des voitures, au quel cas il sera taxé pour ces parties séparément de ses Journées, en lui déduisant à proportion celles qu'il peut employer à ces Commerces particuliers.

Outre cette Cotte de travail, le Journalier doit payer pour ses Biens particuliers s'il en a, comme aussi pour sa Maison, Jardins, Bestiaux, Terres & autres choses sujettes aux Tarifs contenus dans cette Instruction.

D

VEUVES ET FILLES tenans Ménage.

XLIII.
Egards que meritent les Veuves & Filles tenans ménage.

LEs Veuves de ſimples Artiſans ou Journaliers auſſi bien que les pauvres Filles tenans ménage, qui ſont ordinairement la victime des Collecteurs parce qu'elles ſont hors d'état de ſe défendre, ſont celles qui demandent le plus de ménagemens, le produit de l'ouvrage de leurs mains ſuffit à peine pour leur entretien & nourriture : le Commiſſaire doit donc les conſidérer extrémement & faire l'Eſtimation de leurs Journées à un taux bien modique; puiſqu'en cas qu'elles ſoient éfectivement un peu aiſées, ce ne peut être qu'eû égard à un petit Fond qu'elles auroient, & à quelques Beſtiaux qu'elles entretiendroient, ce qui en ce cas leur donneroit une augmentation, puiſqu'elles tomberoient dans les Taxes ordinaires des Terres, Maiſons & Beſtiaux.

Les Veuves ou Filles de Commerçans ou Artiſans doivent auſſi être fort ménagées, pour ne pas leur ôter les moyens de continuer le même Commerce ou métier que faiſoit leurs Maris & Peres, & en cas qu'elles le continuënt, il faut avoir grande attention de les taxer très modérément.

HABITANS INSOLVABLES.

XLIV.
Précautions que le Commiſſaire doit prendre pour diſtinguer les Habitans qui ſe diſent inſolvables.

LE Commiſſaire employera au Chapitre des Invalides, les Pauvres connus pour tels, en faiſant mention ſur le Rolle de leurs inſolvabilité & infirmité qui les réduiſent à la mandicité, mais néanmoins il ne le doit faire que lorſque la miſère ſera notoire, & avouée pour telle par les Habitans, car il faut bien prendre garde de favoriſer l'eſprit de fainéantiſe toûjours à charge à un Etat.

CHEVAUX.

XLV.
Obſervations à faire ſur la Taxes des Chevaux des Laboureurs.

L'Ancien Uſage a été de comprendre les Chevaux ſervans au Labourage, au Tarif des Beſtiaux, depuis le Conſeil auroit paru incliner pour ne point y faire entrer ceux des Laboureurs, comme faiſant partie de leurs Exploitations ; Nous aurions même donné avis de cette Déciſion à quelques Commiſſaires ; néanmoins depuis Nous avons apris que dans la Généralité de Paris & ſous les yeux du Conſeil, on continuoit de les y comprendre; l'Inſtruction qui Nous eſt tombée ſous la main, en raporte deux Motifs ſenſibles, l'un que ſi les Laboureurs portent quelque choſe de plus par raport à cette nature de Biens, cela forme à proportion une diminution pour le Tarif des Fonds, l'autre qu'en taxant les Chevaux qui ſervent au Labourage, on évitera de faire une Taxe ſur les Laboureurs qui labourent ſouvent par charité ou en déduction de Journées de leurs Bâteurs en Grange ou autres, quelques Arpens ou Fauchées de Terre, ou qui font quelques voitures extraordinaires dans les ſaiſons mortes de l'année, ce qui deviendroit arbitraire, au lieu que celui qui travaille le plus avec ſes Chevaux, étant celui qui en a le plus, il contribuëra auſſi dans cette proportion qui a l'avantage d'être fixe & certaine.

Ainſi les Commiſſaires peuvent ſuivre à l'avenir leur premier Uſage, qui étoit de taxer tous les Chevaux indiſtinctement, ſoit de Laboureurs ou autres, & les comprendre dans le Tarif général des Beſtiaux, ainſi qu'il va être cy-après expliqué.

BESTIAUX.

XLVI.
Obſervations générales ſur toutes les natures de Beſtiaux.

QUoiqu'il y eut eû une eſpece de juſtice apparante à faire une diſtinction de Tarif pour les Beſtiaux à Loyer ou à Cheptel, néanmoins le Conſeil a ordonné de n'en admettre aucune, attendû d'un côté les fraudes qu'il pouroit y avoir, & de l'autre, par le danger qu'il y auroit de forcer à découvrir ceux qui font ce Commerce particulier qu'on a interêt de ménager, ainſi il n'y aura dans une Communauté qu'un ſeul Taux pour chaque nature de Bétail.

Il faut auſſi obſerver que chaque eſpèce de Beſtiaux étant plus ou moins utile à leurs Maîtres, & d'un produit plus ou moins avantageux, ils doivent avoir chacun leur Tarif different, mais toûjours uniforme pour chaque eſpèce en particulier.

Nous ajoûterons auſſi en même tems, que l'Intention du Conſeil eſt de ménager extrèmement le Taux des Beſtiaux, cette eſpèce de Commere qui ne diminuë que trop depuis quelques années, méritant grande faveur pour ranimer l'émulation des Habitans en état de procurer cette reſſource au Royaume, où le Bétail eſt non ſeulement néceſſaire pour la conſommation, mais pour l'Engrais & la Culture des terres.

Sous le Titre des Beſtiaux, ſeront compris les Chevaux, Poulins au-deſſus de deux ans, Mulets, Taureaux, Bœufs, Bouvillons de deux ans, Vaches, Geniſſes au-deſſus de deux ans, Cochons, Bêtes Aſines, Brebis, Moutons & Chèvres. Le Commiſſaire doit pareillement y comprendre le produit de la Baſſe-Cour en Volailles chez les Laboureurs, mais à l'égard de quelques Poulles ou Volailles chez le Manoûvrier, il doit méprifer cet Article, à moins qu'il ne pût être d'un objet qui méritât attention, par ce qu'en général, ils font cenfés ne les avoir que pour leur commodité, & que d'ailleurs n'ayans chez eux ny grains ny paille, ils leurs font autant onéreux que profitables.

Les Ruches à miel doivent auffi être fous le même Titre, comme étant un objet qui ne mérite point un Article particulier.

PRIVILEGIEZ & COMMIS des Fermes.

Quant aux Privilegiez, comme Gardes Etalons, Selpêtriers ou autres aufquels le Roy a accordé une certaine diminution de Taille eû égard à leurs Privilèges, le Commiffaire doit tirer leur Cotte en plein, & Nous réferer la fixation en diminution, en conféquence du mérite du Privilège.

A l'égard des Commis des Fermes, ils ne doivent joüir d'aucune Exemtion de Taille que pour la Taxe qu'ils devroient porter, vû le gain qu'ils peuvent faire, foit par les remifes de leurs Commiffions, foit par les apointemens qui y font attachés, mais à l'égard de leurs autres Biens tant perfonnels que d'Exploitation, auffi bien que pour leur Induftrie ou Commerce, ils doivent être taxé fuivant la Loy uniforme du Tarif de la Communauté, quand même ils n'auroient point augmenté en Biens depuis leurs Commiffions ; & les Commiffaires doivent fe conformer à cette Décifion, quoyque peut être contraire à l'Ufage des Elections, puifque travaillans en cette Partie comme Commiffaires du Confeil, ils n'ont uniquement qu'à répondre à Nous de leurs opérations, & que de notre côté Nous n'agiffons qu'en conféquence de la Décifion du Confeil portée éxpreffément dans la Lettre de Monfieur le Controlleur Général du 6. Octobre 1738.

DOMESTIQUES.

Les Domeftiques demeurans chez leurs Maîtres, ne pourront être taxés pour leurs Gages, Apointemens & Emolumens, ils font cenfés payer la Capitation, mais ils peuvent être dans le cas d'être Impofés s'ils ont des Biens propres & Fermages, ou qu'ils faffent quelques Commerce ou Trafic particuliers pour leur compte autre que pour le fervice de leur Maître, toûjours à proportion du profit qu'ils y peuvent faire, car leur qualité de Domeftiques ne leur accorde aucuns Privilèges particuliers.

MINEURS.

Le Mineur fuivant les Règlemens, ne peut être Impofé jufqu'à fa Majorité, ainfi lorfqu'il Exploite par fes mains, le Commiffaire ne doit tirer fes Biens que pour Mémoire, en en faifant une Notte pour l'exactitude du Terrier général des Terres d'une Communauté, mais fi ce font les Péres ou Tuteurs de ces Mineurs qui font valoir ces Biens comme Fermiers, ils font fujets au Tarif de l'Exploitation de même que les autres Détenteurs d'Héritages à Loyer.

FERMIERS GÉNÉRAUX.

Les Particuliers qui prennent des Baux généraux des Seigneurs Eccléfiaftiques ou autres, foit qu'ils les faffent valoir par leurs mains ou qu'ils foûloüent à d'autres Contribuables, font Impofables aux Rolles des Tailles, avec cette diftinction, que pour les Biens qu'ils font valoir par leurs mains, ils doivent payer fur le pied du Tarif général, reglé pour la Communauté, mais pour ceux qu'ils foûloüent, ils ne font Impofables que fur le pied du profit qu'ils font cenfés y faire ; La Règle générale que Nous avons indiquée par notre Mandement, a été de tirer leur Taxe fur le pied de Deux fols pour livre des Deux fols pour livre du prix de leur Bail ; Nous devons néanmoins obferver que fi le Tarif de l'Exploitation eft dans la Paroiffe plus fort que les Deux fols pour livre : comme cette Règle a été le motif de la fixation du Centiéme pour les Biens qu'ils foûloüent, le Commiffaire doit fuivre dans le travail de la Taille Tarifée, la proportion d'augmentation du Tarif pour les Biens que ces Fermiers Généraux n'exploitent point par leurs mains, & augmenter ou diminuer à proportion le Tarif de leurs Cottes, enforte que fi les Biens d'Exploitation font aux Quatre fols pour livre, ils doivent porter le Cinquantiéme du prix principal de ceux qu'ils foûloüent, au lieu du Centiéme indiqué par notre Mandement.

Nous obferverons auffi en paffant fur cet Article, que la plûpart des Seigneurs, & plus encore les Eccléfiaftiques, paffent des Procurations à ces Fermiers généraux qu'ils déclarent fimples Régiffeurs, pour les mettre à couvert fous ce prétexte, des Impofitions ; c'eft à quoy les Commiffaires doivent donner grande attention, & s'informer des

Habitans, s'ils n'ont point connoiſſance de quelques Baux, ſi ces prétendus Régiſſeurs n'ont fait aucun acte de Fermier, s'ils ne font point quelque Commerce particulier, & en cas de fraude apparente, les obliger eux & les Seigneurs particuliers de donner leurs affirmations par écrit, comme cette Procuration eſt ſincére, ſans Bail ni contre Lettre ſous ſeing privé ou autrement, & faute par ces Régiſſeurs, de ſatisfaire auſſi bien que leurs Maîtres à cette formalité, le Commiſſaire doit les impoſer ſuivant les règles cy-deſſus preſcrites.

CAS D'ACCIDENS.

L I.
Attention du Commiſſaire en cas d'accidens imprévûs dans les Communautez.

S'Il arrive dans la Paroiſſe quelque accident de Feu, Maladie, mort de Beſtiaux ou autres, le Commiſſaire fera un Etat de ceux qui auront eſſuié ces accidens, qui contiendra le d'étail de leurs Biens, & l'eſtimation de la perte qu'ils auront pû faire, avec la ſomme qu'ils auroient dû porter ſuivant le Tarif, & la diminution qu'il eſtime qu'ils peuvent mériter. Il Nous envoyera le tout pour être taxé d'Office, & il ſera marqué dans le Rolle qu'un tel auroit dû payer tant, mais qu'en conſidération d'un malheur qui lui eſt arrivé, il a été réduit à tant, pour une ou pluſieurs années, ſans tirer à conſéquence pour l'avenir.

COTTES DE SUITE.

L I I.
Principes à obſerver pour les Cottes de ſuitte.

QUant aux Habitans qui auront transferé leur domicile dans des Villes Franches, s'ils ont ceſſé toute Exploitation dans leurs anciennes demeures, comme ſuivant les Réglemens ils doivent continuer à être Impoſés pendant Dix ans, en ce cas, le Commiſſaire donnera la Cotte qui lui paroitra juſte, ſuivant les circonſtances, mais toûjours fort modérément, parce que ces Particuliers ſont cenſé payer la Capitation, dans les Villes où ils ſeront retiré proportionnément à leurs faculté; ſi au contraire, ce font des Laboureurs qui exploitoient des Fermes, Nous avons expliqué à l'Article des entrans & fortans coté 21. la règle qu'on doit obſerver, ſi ce ſont des Manouvriers, ils continuëront de payer ce qu'ils portoient l'année précédente, en cas qu'ils ne ſoient point encore Impoſés dans la Communauté de leur domicile actuel; au reſte s'il ſe préſente quelque difficulté particulière ſur cet Article, le Commiſſaire Nous en référera, & Nous lui ferons ſçavoir notre Déciſion

RENTES ACTIVES.

L I I I.
Taux des Rentes actives, foncieres ou hypotequaires.

SOus le nom de Rente active, ſera compris tout ce qui ſera dû au Taillable à titre de Rente, ſoit Fonciere ou Hipotequaire, en quelque lieu ſes Rentes ſoient ſituées, & de quelque nature qu'elles ſoient.

Les Rentes actives ne doivent être Impoſées qu'au taux de la ſimple proprieté, enforte que ſi dans la Paroiſſe le taux de la ſimple proprieté eſt aux deux ſols pour livre, le Propriétaire d'une Rente active ſera aux Deux ſols pour livre du montant de ſa Rente, & ainſi des autres proportions.

DÉDUCTION DES CHARGES.

L I V.
Regles à obſerver pour la déduction des Charges.

QUant à la déduction des Charges, le Conſeil à décidé que le Commiſſaire n'auroit égard qu'à celles dont la Rente ſera au deſſus de Trois livres par année, les autres ne méritans point atté d'attention : Mais pour celles qui excéderont cette ſomme, & qui ſeront juſtifiées par la répréſentation d'Actes ou Contrats, (avec déclaration du Taillable qu'il n'y aura eû ni Rembourſement ni contre Lettre,) il en ſera fait déduction ſur le pied du ſol, deux ſols ou trois ſols pour livre plus ou moins, c'eſt-à-dire, ſur le pied que les Biens ſeront taxés dans la Communauté. Enforte que ſi un Bien de Dix mille livres eſt chargé de Cent livres de Rente paſſive, & que les Biens ſoient aux deux ſols pour livre, pour lors il ſera fait déduction de Dix livres, cette règle s'obſervera dans la même proportion, ſuivant le plus ou moins de la Rente ou Redevance, & ſuivant le Tarif des Biens de la Communauté.

L V.
Diſtinction particulière pour la déduction des Charges.

Mais en général, il eſt de principe que la déduction de ces Charges & Rentes ne doit ſe faire que ſur la Taxe dûe par la proprieté, & non ſur celle de l'Exploitation; enforte qu'une Ferme ſoit chargée de Champart, de Redevance ſeigneurialle ou de Rente fonciere, elle doit porter, quant à l'Exploitation, autant de Taille, que celle qui eſt libre. En éfet le profit du Fermier ou Exploitant eſt toûjours le même, ſoit qu'il rende la totalité du Revenû à un ſeul Propriétaire, ſoit que ſur ce Revenû il ait des Charges à payer, c'eſt le Propriétaire qui les paye & non le Fermier, ſur ſon profit.

Sur ce principe le Propriétaire qui fait valoir par ſes mains, ne doit avoir déduc-

tion

tion que fur la partie de la Taxe de fa propriété, qui étant le double de celle du Locataire, doit par conféquent ne porter que fur moitié de la Taxe qui regarde la Propriété. Exemple, un Particulier eft Propriétaire de Cinquante Arpens de terre qu'il fait valoir par fes mains, & qui peuvent être taxés fur le pied de Vingt fols par Arpent pour la Propriété, & Vingt fols pour l'Exploitation, ce qui fait en tout Quarante fols par Arpent, fa Cotte pour les Cinquante Arpens eft de Cent livres, il doit fur ce Bien Mille livres au denier Vingt qui font Cinquante livres de Rente, la déduction à faire pour ces Cinquante livres de Rente, ne doit porter que fur la moitié de fa Cotte, c'eft-à-dire fur Cinquante livres, & par conféquent la déduction ne doit être qu'au prorata de Cinquante livres. Il en eft de même d'une Rente duë fur une Maifon ou autres Biens, la déduction ne doit jamais fe faire qu'en faveur du Propriétaire, & fur la partie d'Impofition qui regarde la Location ou Exploitation, quand même la Rente duë excéderoit la Taxe de la propriété, le Rejet ne doit jamais s'en faire fur l'Exploitation.

Le Commiffaire aura encore à obferver avant de faire fes déductions fur quelles parties de Bien elles fe trouvent placées, car celles qui feront fur les Maifons, ne doivent être employées en déduction que pour moitié de la Taxe de Propriété, atendû que les Maifons, comme il a été dit cy-deffus, ne feront taxées qu'à la moitié du Taux des autres Revenus de la Paroiffe.

Sur le même principe les Charges ou Rentes qui feront fur ce qu'on apelle Ufines, ne feront employées qu'en déduction des trois quarts pour la partie de la Taxe de Propriété, vû la déduction du quart qui a été accordée pour les réparations.

On doit encore obferver qu'il faut obliger le Particulier qui déclarera une Rente paffive d'expliquer s'il ne la doit point conjointement avec un ou plufieurs Habitans, fes Frères ou Parens, fans quoy, il arriveroit que la même Rente pouroit être déclarée en entier par plufieurs Habitans ou Cohéritiers.

PUNITIONS DES REFRACTAIRES,
ou Faux Déclarans.

REfte à parler de la Punition de ceux qui refuferont de donner leurs Déclarations après avoir reçû les Avertiffemens convenables, ou qui en fourniront de fauffes.

Le Taillabe qui aura fourni une fauffe Déclaration & qui n'aura point voulu la réformer à l'Affemblée générale, fera Impofé pour la partie omife, au double de ce qu'il devroit porter naturellement, fans pouvoir prétendre de diminution pour l'année courante.

Celui qui a refufé de donner fa Déclaration, le Commiffaire prendra les indications des autres Habitans, & l'Impofera fuivant ce qu'il aura apris de fes Facultés & Exploitations, au prorata des autres Biens de la Communauté, avec un tiers en fus de fa Cotte à quelque fomme qu'elle puiffe monter, ce tiers en fus fera la peine de fa défobéïffance, & on en fera mention à côté de fa Cotte, & par un Article féparé.

Les Bénéfices que ces punitions procureront à la Communauté, luy tomberont en diminution des Tarifs pour la préfente année. Le Commiffaire ne peut point y être trop rigide, parce que cela fera un bon effet pour les années fuivantes, en forçant tous les Taillables de fatisfaire aux Ordres du Roy.

Ces principes pofés, lorfque le Commiffaire aura pris fon parti fur la fixation des Fonds, Commerce & Journées des Habitans, & fixé les Tarifs proportionément à l'Impofition qu'il aura à faire fur la Communauté, on peut dire qu'il lui fera facile de rédiger fon Rolle, le Commis qu'il employera, pour peu qu'il foit intelligent, pourra compofer les trois quarts des Cottes d'une Paroiffe, il n'operera plus que de conféquence en conféquence, & fur des règles certaines & uniformes.

Conclufion de la feconde Partie.

NOus efperons avoir traité tous les differens objets fujets à l'Impofition, & avoir rendu les principes fenfibles; néanmoins en cas de doute, Nous demandons aux Commiffaires de Nous les propofer, même de Nous faire part de leurs réflexions pour Nous aider à perfectioner un travail qui fera infailliblement fort utile pour le bien du Taillable & celui du Recouvrement, s'il eft fuivi avec zele, éxactitude & intelligence.

Refte à traiter la forme de l'Impofition, ce que Nous comptons faire fommairement attendu le Rolle fictif qui fera joint à la préfente Inftruction.

TROISIEME PARTIE

Qui preſcrira la forme des Rolles.

POUR ce qui eſt de la forme des Rolles, Nous euſſions pû renvoyer les Commiſſaires au Rolle fictif qui ſera joint à la préſente Inſtruction; néanmoins Nous avons crû devoir faire quelques obſervations ſommaires, pour ne rien laiſſer à déſirer.

Après le préambule ordinaire qui contiendra les ſommes à impoſer, le Commiſſaire commencera par expliquer le Tarif de chaque nature de Biens, ſoit Terres toutes réduites à une même meſure, dont il fera mention à la tête du Rolle, en expliquant combien cette meſure contiendra de pieds; ſoit Biens-Fonds, Maiſons, Rentes, Uſines, Commerce, le Tarif particulier des Artiſans, Journaliers & celui des Beſtiaux, ainſi qu'il le trouvera dans notre projet de Rolle.

Il aura ſoin de faire mention ſi tous ces Tarifs ont été arètés de concert avec les Habitans, ou s'ils ont été faits ſur leur refus, après avoir pris les connoiſſances néceſſaires.

Il obſervera que chaque nature de Biens d'un Contribuable, doit être dans ſa Cotte dénommée ſéparément, ſans que differens Biens ou differens Commerces puiſſent être confondus ou réunis ſous la même dénomination, enſorte que ſi le Taillable a differentes Vacations ou Commerces, il doit être Impoſé ſéparément pour chaque nature de Commerce ou Vacation à proportion du profit qu'il peut y faire.

Il ſuprimera à l'avenir touttes Cottes perſonnelles, celles des ſimples Manouvriers ou Artiſans qui avoient anciennement cette dénomination, devant être préſentement apellées Cottes d'Induſtrie, & de même il ne doit plus y avoir de Cotte d'Induſtrie pour le ſimple Laboureur qui ſera uniquement attaché à ſon labour, & qui aura une aſſé grande quantité de Terres pour l'en éxemter, à l'effet de quoi, le Commiſſaire expliquera à la tête de ſon Rolle la quantité d'Arpens convenuë par les Habitans pour caractériſer le ſimple Laboureur.

Il fera pareillement mention des differentes claſſes qu'il aura établies, ſoit pour les Terres, ſoit pour les Artiſans ou Manouvriers.

Enfin il expliquera le Taux auquel il ſera fixé, ſoit aux deux, trois, quatre ou cinq ſols pour livre, plus ou moins, la Proprieté & l'Exploitation réunies.

Nous avions précédemment ordonné aux Commiſſaires de faire autant qu'ils pourroient dans chaque Cotte, le détail des tenans & aboutiſſans, mais cette précaution étant impraticable par le volume d'écriture qu'elle contiendroit, il faut s'en tenir à la ſeule dénomination de la quantité de Terres des differentes claſſes, en dénommant ſeulement s'il ſe peut, les differents cantons.

Après ces obſervations préliminaires, le Commiſſaire procedera par ordre alphabetique, à la rédaction de ſon Rolle, en commençant par le nom des Seigneurs réſidens & éxemts, en ſpécifiant ſeulement pour Mémoire, s'ils font valoir leurs Biens par leurs mains, enſuite les Taillables, puis les inſolvables & nouveaux entrans, & ſuivra en tout la forme *du Rolle fictif*, ſans pouvoir s'en écarter, non plus que des principes contenus en la préſente Inſtruction, ſous quelque cauſe ou prétexte que ce puiſſe être; lui laiſſant ſeulement la liberté de ſe ſervir ou non de la Table ou Carte génèralle que Nous n'avons donnée que pour ſa plus grande facilité.

Nous convenons de l'étenduë & de la difficulté de l'opération, néanmoins Nous penſons avec quelques Commiſſaires, qu'en ſuivant ce travail avec de l'éxactitude & de l'intelligence, non ſeulement elle n'eſt poins impraticable, mais même qu'elle paroîtra facile aux Commiſſaires laborieux.

Nous commençons à avoir quelques Elections, où il a été fait un grand nombre de Paroiſſes, & Nous eſpérons que la totalité de celles de Chaalons & Vitry, poura être achevée en peu de tems, y ayant des Commiſſaires zèlés & intelligens qui ſurpaſſent même nos eſpérances par le nombre de Communautez dont ils offrent de ſe charger, & dont l'eſſais remplit entiérement les vûës du Conſeil.

Nous finirons cette Inſtruction, par exhorter les Commiſſaires, de former s'il étoit poſſible, en procedant au détail de toutes les eſpèces de Biens, un Regiſtre ou Cadaſtre de proportion, dans lequel ils inſereroient toutes les facultés de chaque Taillable, avec des marges ou des blancs ſuffiſans pour y ſubſtituer pendant un certain nombre d'années les étrangers ou nouveaux établiſſemens qui pourroient y ſurvenir. Ce Regiſtre ſeroit non ſeulement, d'une grande utilité pour reconnoître la force de la Paroiſſe, mais il abregeroit beaucoup par la ſuite les Rolles des Tailles, où il ne ſeroit plus néceſſaire de rappeller chaque partie de Terre par canton. Ce Regiſtre ſeroit placé dans un Dépôt public, pour y avoir recours lorſqu'il ſurviendroit quelques difficultés ſur l'Impoſition. Nous ne propoſons pas néanmoins, la tenuë de ce Regiſtre comme un travail d'une nécessité indispensable, mais simplement comme un ouvrage désirable, & que plusieurs de Messieurs les Intendans ont fait faire avec succès dans leurs Provinces : Mais Nous éxigerons comme chose indispensable du Commissaire, de conserver éxactement & même de mettre dans une espece d'ordre, toutes les Déclarations des Habitans, pour y avoir recours les années suivantes, supoté qu'on soit obligé de retoucher au travail, qu'il est presque impossible d'établir une première année dans toute sa perfection.

Quant aux differentes copies des Rolles, quelques Elections en Corps, & quelques Commissaires en particulier, Nous ont répresenté, qu'il seroit avantageux que les Collecteurs eussent les Rolles en entier entre les mains, c'est-à-dire le détail entier des Cottes, pour pouvoir les communiquer aux Taillables qui auront la satisfaction de lire les motifs pour lesquels ils sont compris à une certaine somme, répréfentans que cet arrangement seroit plus commode que d'être obligés de se retirer chez le Syndic, néanmoins le Conseil a décidé le contraire, & c'est à quoy on doit s'en tenir ; ainsi il sera fait trois Copies de Rolle ; Sçavoir, deux qui contiendront le détail entier des Cottes, ainsi qu'il a été cy-dessus expliqué, & le troisième avec le simple nom du Taillable, & la somme en toutes lettres, du montant de l'Imposition sans aucun détail. La première des deux Copies sera mise au Greffe de l'Election comme étant le Dépôt public ; La seconde écrite sur simple papier mort, mais contenant le détail des Cottes, sera déposée entre les mains du Syndic, pour que les Habitans y aient recours toutes les fois qu'ils le jugeront à propos, afin de reconnoitre & donner avis des erreurs qui auroient pû se glisser & des omissions volontaires ou d'inadvertances des autres Taillables, avec deffense au Syndic de leur refuser cette communication, sous peine de Dix livres d'amende, avec liberté d'en tirer des Extraits, tant de leur Cottes, que des Cottes particulières des autres, le tout sans déplacer néanmoins, ny pouvoir éxiger aucune rétribution ; La troisième Copie pour le Collecteur, en papier marqué suivant l'Usage, mais avec le simple nom du Taillable, & le montant de sa Cotte en toute lettre.

Nous observerons qu'outre les frais que cette derniere Copie épargnera, atendu la dépense du Scribe & de papier marqué qui est ordonné suivant les Règlemens, pour Rolle du Collecteur ; la supression de ce détail pourra aussi d'un autre côté éviter à ce dernier, bien des discussions, en renvoyant les Contribuables au Syndic ; d'ailleurs on peut dire que les Collecteurs sont assé occupés de leur Recouvrement, sans avoir souvent le loisir d'attendre que chaque Taillable ait fait lecture du détail de sa Cotte.

A l'égard de la copie que le Commissaire doit se conserver, Nous supposons qu'il a fait son travail assé éxact pour n'en avoir pas besoin ; mais en tout cas, Nous sommes obligés de lui dire que l'Intention du Roy n'est point qu'elle soit faite aux frais du Collecteur ni de la Paroisse.

Nous nous réservons d'accorder aux Syndics & Collecteurs les petits dédomagemens que le Commissaire estimera convenables, tant pour les differentes copies que pour les peines & voyages extraordinaires qu'ils auront été obligés de faire, le tout néanmoins eù égard aux frais ordinaires ausquels ils sont assüjetis, & pour lesquels le Collecteur a ses taxations accoûtumées.

Nous finirons la présente Instruction par observer que l'apel des Taxes données aux Contribuables dans les Paroisses tarifées, ne peuvent être portées ailleurs que par-devant Nous. Les Elections n'en peuvent connoitre sous quelque cause ou prétexte que ce puisse être, & en cas que les Habitans s'y pourvoient, elles doivent Nous en renvoyer la connoissance.

MODELE DE ROLLE.

TAILLE de 1740.

ROLLE ET REPARTITION

de la Taille Impofée fur la Paroiffe de
Election de   *pour l'année*
1740. *montant à la fomme de* **Six** *cent trente-neuf livres douze fols quatre deniers*.

ELECTION de

PAROISSE de

SÇAVOIR;

POUR le principal de la Taille, la fomme de Six cens dix-fept livres, cy . . . . **617.**

Pour les Ufages, Sept fols huit deniers, cy . . . **7. 8.**

Pour les fix deniers pour livre attribuez aux Collecteurs, Quinze livres huit fols huit deniers, cy . . **15. 8. 8.**

Pour les Droits de quatre Quittances attribuez au Receveur, Deux livres, cy . . . . . . **2.**

Pour le Sceau du préfent Rolle, Quatre livres feize fols, cy . . **4. 16.**

639. 12. 4.

(l. f. d.)

A la répartition de laquelle fomme de Six cens trente-neuf livres douze fols quatre deniers , Nous   Commiffaire nommé par Monfeigneur l'Intendant, pour travailler à l'établiffement de la Taille tarifée , en vertu des ordres du Confeil , avons en préfence de
Affécurs & Collecteurs de ladite Paroiffe , & des principaux Habitans , procédé fuivant l'Eftimation & Tarif cy-après.

INDUSTRIE.

LEs Journées du travail de l'Artifan & Manouvrier ont été apréciées à 200. jours par an , & on s'eft fixé au fol pour livre de leur gain , ou pour fimplifier à dix Journées par an pour règle de leur Impofition.

Le Maçon depuis l'âge de 25. ans jufqu'à 50. qui peut gagner 12. fols par jour , payera . . . . **6.**

Celui de 50. ans jufqu'à 60. qui peut gagner 9. fols par jour , payera . . . . **4. 10.**

Celui de 60. ans jufqu'à 70 qui peut gagner 6. fols par jour , payera . . . . **3.**

Celui de 70. ans & au-deffus , ne payera point d'Induftrie.

Le Manouvrier depuis l'âge de 25. ans jufqu'à 50. qui peut gagner 10. fols par jour , payera . . . . **5.**

(l. f. d.)

Nota. Le Commiffaire ne prendra ce Rolle que pour lui fervir fimplement de modele pour la forme , fans s'affujetir aux fixations des Eftimations , ni aux Taux du fol ou deux fols pour livre qui y ont été obfervés , & qui doivent être plus ou moins forts , fuivant la qualité des Terres ou autre nature de Biens , fuivant que les journées des Artifans feront plus ou moins payées dans la Communauté , fuivant que le produit des Beftiaux fera plus ou moins confidérable , eû égard à la facilité du débit , enfin fuivant l'Impofition de la Paroiffe.

Nota. On doit faire les mêmes diftinctions pour toutes efpèces d'Artifans.

F

Celui de 50. ans jufqu'à 60. qui peut gagner 7. fols par jour, payera 3. 10.

Celui de 60. ans jufqu'à 70. qui peut gagner 5. fols par jour, payera 2. 10.

Celui de 70 ans & au-deffus, ne payera point d'Induftrie.

Les Veuves d'Artifans ou de Manouvriers, payeront moitié de l'Induftrie cy-deffus, en obfervant trois Claffes ; Sçavoir, depuis 25. ans jujqu'à 40. depuis 40. jufqu'à 50. & depuis 50. jufquà 60. Et toutes celles de Soixante ans & au-deffus feront difpenfées d'Induftrie.

L'Artifan, Manouvrier ou les Veuves d'Artifans & de Manouvriers, qui feront infirmes, s'ils font de la premiere Claffe, feront mis dans la feconde, s'ils font de la feconde, ils feront dans la troifiéme, & s'ils font de la troifiéme, ils ne payeront point d'Induftrie.

Pour qualifier un particulier de Laboureur, & l'éxemter de Cotte d'Induftrie, il a été convenu entre les Habitans, qu'il falloit Exploiter 25. Arpens de Terre à la roye.

Le Laboureur d'un quart de Charuë payera les 3. quarts de l'Induftrie du Manouvrier, celui d'une demie Charuë moitié, & celui de trois quarts, un quart.

On obfervera en outre de faire déduction d'un tiers fur la Cotte d'Induftrie de l'Artifan, Manouvrier ou Laboureur de demie Charuë &c, Veuf, attendu qu'il na pas le fecours de fa Femme pour l'aider, mais s'il a une Fille en état de le fervir, en ce cas, il n'y aura nulle déduction..

COMMERCE,

ON eftimera le profit du Commerçant, & on lui fera porter le Taux de la fimple Exploitation.

BIENS FONDS EXPLOITE'S PAR LES Propriétaires.

LEs Biens Fonds Exploités par les Propriétaires, payeront les deux fols pour livre de leur Revenu ou eftimation ; Sçavoir, un fol pour la Proprieté & un fol pour l'Exploitation, même les Maifons & Ufines, en obfervant pour les Maifons de faire déduction de moitié de l'eftimation pour les Réparations, & pour les Ufines, d'un quart feulement.

La mefure de la Paroiffe eft l'Arpent de Terre qui contient, &c.

	l.	f.	d.
L'Arpent de bonnes Terres, eftimé produire 15. livtes de revenu, payera	1.	10.	
Celui de médiocres, eftimé produire 10. livres, payera	1.		
Et celui de mauvaifes, eftimé produire 5. livres, payera		10.	
L'Arpent de bas Prez, eftimé produire 17. livres 10. fols, de revenu, payera.	1.	15.	
Celui de hauts Prez, eftimé produire 12. livres 10. fols, payera.	1.		5.
L'Arpent de bonnes Vignes, eftimé produire 30. livres de revenu, payera	3.		
Ceuli de médiocres, eftimé produire 20. livres, payera	2.		
Celui de mauvaifes, eftimé produire 10. livres, payera	1.		
L'Arpent de Bois Taillis, eftimé produire 15. livres de revenu, payera	1.	10.	
L'Arpent d'Ozeraies, eftimé produire 20. livres de revenu, payera	2.		
L'Arpent de Chénevjère, eftimé produire 17. livres 10. fols de revenu, payera	1.	15.	

BIENS FONDS DONNES OU TENUS A LOYER.

LEs Biens Fonds donnés ou tenus à loyer, ne payeront que le fol pour livre de leur revenu ou eftimation, même les Maifons & Ufines, en faifant la même déduction cy-devant énoncée.

DIXMES.

LEs Dixmes ou Droits Seigneuriaux affermés, payeront le Taux de la fimple Exploitation.

RENTES.

LES Rentes actives payeront le Taux de la simple proprieté.
On fera la même déduction pour les Rentes passives.

BESTIAUX

	f.	d.
LE Cheval payera	10.	
Le Poulin au-dessus de deux ans,	4.	
Le Bœuf ou Taureau,	6.	
Le Bouvillon au-dessus de deux ans,	2.	
Le Mulet,	5.	
La Vache,	8.	
La Genisse au-dessus de deux ans,	2.	
Le Porc,	5.	
La Bête Asine,	4.	
La Brebis, ou le Mouton,	1.	6.
La Chèvre,	1.	
La Ruche à miel,	2.	

EXEMTS.

MR.
Seigneur, Gentilhomme.
Mr. le Curé.

HABITANS CONTRIBUABLES.

ALexis Girardin, Admodiateur général de la Seigneurie de Cotté à Cent vingt-une livres huit sols.
Sçavoir.

BIENS propres qu'il fait valoir par ses mains dans la Paroisse de son domicile.

	l.	f.	d.
Une Maison avec ses dépendances, estimée pouvoir être louée 50. livres, déduction faite de moitié,		5.	
Huit Arpens de bonnes Terres,		12.	
Six Arpens de Terres médiocres,		6.	
Six Arpens de Terres mauvaises,		3.	

BIENS qu'il tient à loyer.

L'Administration générale de lad. Seigneurie, dont il rend 1710. l.

BIENS de ladite Seigneurie qu'il fait valoir, estimés pouvoir être loués 1190. liv. suivant l'estimation des Biens fonds' faite en presence & de concert avec la Communauté.

Sçavoir.

	l.	f.	d.
Seize Arpens de bonnes Terres,	12.		
Vingt-quatre Arpens de Terres médiocres,	12.		
Quatre-vingt Arpens de Terres mauvaises,	20.		
Deux Arpens de bas Prez,	1.	15.	
Deux Arpens de hauts Prez,	1.	5.	
Deux Arpens de bonnes Vignes	3.		
Un Arpent de Vignes médiocres,	1.		
Deux Arpens de Vignes mauvaises,	1.		
Dix Arpens de Bois taillis,	7.	10.	
Pour 520. livres du restant de son Bail qu'il sous-louë a raison du Centiéme.	5.	4.	
Huit Chevaux,	4.		
Quatre Bœufs,	1.	4.	
Cent Bétes à laine,	7.	10.	

	103.	8.

ARTICLE PREMIER.
Modele de Cotte d'un Admodiateur général qui sous-louë & fait valoir par ses mains.
Voyez l'Article L. de l'Instruction.

	l.	f.	d.
Cy-contre, . .	103.	8.	

Et sur ce qui Nous a été répresenté que le present Contribuable possede douze Arpens de bonnes Terres, au lieu de huit qu'il a déclaré, il sera compris au present Rolle pour lesdits quatre Arpens,

pour .	6.		
Et pour punition de sa fausse déclaration, . .	12.		
Total. . . .	121.	8.	

Faux Déclarans.
Voiez au Titre des Faux Déclarans pag. 17. de l'Instruction.

II.
Modele de Cotte d'un Laboureur de deux Charuës, tant en propre, qu'à loyer.
Voyez l'Art. XXIX. de l'Instruction.

Nota. *Quelques uns de Mrs. les Commissaires ont représentés que les Terres affermées quoyque situées souvent dans de bons cantons, ne produisoient pas plus que celles situées dans dé médiocres, & cultivées par les Propriétaires, par le défaut d'Engrais ou d'autres soins des Fermiers, & ont prétendus que le Taux d'Exploitation de ces Terres, devoit etre plus bas que celuy de l'Exploitation que devoit payer le Propriétaire. Cette diférence de Taux a parû trop embarassante pour y statuer, d'autant plus que ce Principe n'est pas toujours juste, & qu'il peut arriver qu'une Terre affermée soit cultivée avec autant d'attention par le Fermier, qu'elle le feroit par le Propriétaire, d'ailleurs ce feroit retomber dans l'arbitraire, que le Conseil a pour objet principal, de bannir, & en même tems rallentir la vigilance du Fermier, au lieu de luy donner de l'émulation pour rendre sa Terre aussi fertille que celle du Propriétaire qui la cultive par ses mains.*

Traitement de celui qui doit plus sur son Bien qu'il ne vaut.
Voyez l'Art. LVI. de l'Instruction.

III.
Modele de Cotte d'un Laboureur d'une Charuë en propre.
Voyez l'Art. XXIX. de l'Instruction.

ANtoine Payen, Laboureur de deux Charuës, Cotté à Quatre-vingt-cinq livres trois sols,

Sçavoir,

BIENS propres qu'il fait valoir par ses mains dans la Paroisse de son domicile.

Une Maison avec ses dépendances, estimée pouvoir être louée 80.	l.	f.	d.
livres, déduction faite de moitié, ...	8.		
Dix Arpens de bonnes Terres, ...	15.		
Dix Arpens de Terres médiocres, ...	10.		
Dix Arpens de Terres mauvaises, ...	5.		
Un Arpent de bas Prez, ...	1.	15.	
Un Arpent de Bois taillis, ...	1.	10.	
Un Arpent d'Ozerayes, ...	2.		
Un Arpent de Cheneviere, ...	1.	15.	

BIENS qu'il tient à loyer dans la Paroisse de son domicile.

Une Ferme qu'il tient de   .   . Habitant de   .   .   . dont il rend   .   . consistante   .   .   .

Sçavoir ;

Dix Arpens de bonnes Terres.	7.	10.	
Dix Arpens de Terres médiocres, ...	5.		
Quarante Arpens de Terres mauvaises, . . .	10.		
Deux Arpens de bas Prez, ...	1.	15.	
Deux Arpens de hauts Prez, ...	1.	5.	
Deux Arpens d'Ozerayes, ...	2.		
Deux Arpens de Cheneviere, ...	1.	15.	
Douze Chevaux, ...	6.		
Quatre Poulins, ...		16.	
Un Taureau, ...		6.	
Dix Vaches, ...	4.		
Cinq Genisses, ...		10.	
Quatre Porcs, ...	1.		
Un Asne, ...		4.	
Vingt Brebis, ...	1.	10.	
Six Ruches à miel, ...		12.	
	89.	3.	

Et attendu que la Maison cy-dessus déclarée est chargée d'une rente de 160. livres, suivant le Contrat de constitution qu'il en a representé, lui a été fait déduction de la somme de 4. livres, au lieu de celle de 8. livres, attendu que ladite Maison au sol pour livre de son estimation pour la proprieté ne doit payer que 4. livres d'imposition, partant la presente Cotte n'aura lieu que pour   .   .   85.   3.

ANtoine Viriot, Laboureur d'une Charuë en propre, Cotté à Soixante-dix-sept livres quatre sols.

Sçavoir ;

BIENS propres qu'il fait valoir par ses mains dans la Paroisse de son domicile.

Une Maison avec ses dépendances, estimée pouvoir être louée

40. liv.

	l.	f.	d.
40. liv. déduction faite de moitié,	4.		
Dix Arpens de bonnes Terres,	15.		
Dix Arpens de Terres médiocres,	10.		
Dix Arpens de Terres mauvaises,	5.		

Biens propres situés dans la Paroisse de : : : qu'il fait valoir, ayant demandé d'être Imposé à son domicile en vertu de la Declaration de 1728.

	l.	f.	d.
Quinze Arpens de bonnes Terres,	22.	10.	
Quinze Arpens de Terres médiocres,	15.		
Quinze Arpens de Terres mauvaises,	7.	10.	
Deux Chevaux,	1.		
Deux Bœufs,		12.	
Quatre Vaches,	1.	12.	
	82.	4.	

Le présent Contribuable Nous a justifié devoir la somme de 100. liv. de Rente sur tous ses Biens, suivant un Contrat qu'il Nous a représenté, pour raison de quoi, & après l'affirmation par lui faite, qu'il n'y a aucune contre-lettre de la part de ses Créanciers, Nous lui avons fait déduction de la somme de Cinq livres sur la propriété seulement, partant la présente Cotte n'aura lieu que pour Soixante dix-sept livres quatre sols, cy   77. 4.

Modele de déduction à faire pour une hypotèque générale sur tous les Biens. *Voyez les Articles LIV. & LV. de l'Instruction.*

BEnoît Laurent, Laboureur d'une Charuë, veuf, Cotté à Quarante-sept livres six sols.

Sçavoir;

BIENS propres qu'il fait valoir par ses mains dans la Paroisse de son domicile.

	l.	f.	d.
Une Maison avec ses dépendances, estimée pouvoir être louée 50. liv. déduction faite de moitié.	5.		

IV. Modele de Cotte d'un Laboureur d'une Charuë sur autrui. *Voyez l'Ar. XXIX. de l'Instruction*

BIENS propres qu'il donne à loyer.

	l.	f.	d.
Une Maison qu'il loüe à . : . 30. liv. déduction faite de moitié,	1.	10.	

BIENS apartenans à ses Mineurs qu'il fait valoir, régardés comme Biens à loyer.

Voyez l'Art. XLIX. de l'Instruction.

	l.	f.	d.
Quatre Arpens de bonnes Terres,	3.		
Quatre Arpens de Terres médiocres,	2.		
Quatre Arpens de Terres mauvaises,	1.		

BIENS qu'il tient à loyer.

Une Ferme qu'il tient de . . moyennant
la somme de . . consistante en

	l.	f.	d.
Vingt Arpens de bonnes Terres,	15.		
Vingt Arpens de Terres médiocres,	10.		
Trente Arpens de Terres mauvaises,	7.	10.	
Trois Chevaux,	1.	10.	
Deux Vaches,		16.	
Total.	47.	6.	

BEnoît Malatrait, âgé de vingt-deux ans.

BIENS propres qu'il fait valoir par ses mains dans la Paroisse de son domicile.

Une Maison avec ses dépendances, estimée pouvoir être louée 20. livres, déduction faite de moitié,
  Six Arpens de bonnes Terres.

Modele de Cotte d'un Mineur, *Voyez l'Art XLIX. de l'Instruction.* Le Bien cy-contre tiré Pour Mémoire, attendu la Minorité dudit Malatrait.

Six Arpens de Terres mauvaises
Deux Vaches.

<table>
<tr><td rowspan="4">

VI.
Modele de Cotte
d'un Incendié.
*Voyez l'Art. L I. de
l'Instruction.*

</td><td>

BEnoît Nollet incendié, Cotté à Cinq sols.

SÇAVOIR;

</td></tr>
</table>

BIENS propres Terroir du lieu qu'il fait valoir.

	l.	f.	d.
Une Maison avec ses dépendances, estimée pouvoir être louée 6. liv. déduction faite de moitié, ...		12.	
Deux Arpens de bonnes Terres, ...	3.		
Deux Arpens de Terres médiocres, ...	2.		
Deux Arpens de Terres Mauvaises, ...	1.		
	6.	12.	

Et attendu la perte qu'a faite ledit Nollet dans l'Incendie arrivée le . . . la présente Cotte au lieu de 6. liv. 12. f. n'aura lieu que pour 5. f. & ce pour la première année de trois, conformément au Mandement de Monseigneur l'Intendant, en datte du

	5.

VII.
Modele de Cotte
d'un Laboureur d'une
demie Charuë.
*Voyez l'Art. XXIX.
de l'Instruction.*

CHarles Droüart Laboureur d'une demie Charuë âgé de 34. ans, Cotté à Trente-neuf livres six sols.

SÇAVOIR;

Industrie.	2.	10.

BIENS propres qu'il fait valoir par ses mains, dans la Paroisse de son domicile

Une Maison avec ses dépendances estimée pouvoir être louée 40. liv. déduction faite de moitié. . . .	4.	
Dix Arpens de bonnes Terres, . . .	15.	
Dix Arpens de Terres médiocres, . . .	10.	
Dix Arpens de Terres mauvaises, . . .	5.	
Quatre Chevaux, ...	2.	
Deux Vaches, ...		16.
Total	39.	6.

VIII.
Modele de Cotte
d'un Meunier.
*Voyez l'Art. XXXVII.
de l'Instruction.*

CHristophe Billau Meunier, Cotté à Dix-huit livres quatre sols.

SÇAVOIR;

BIENS propres qu'il fait valoir par ses mains, dans la Paroisse de son domicile.

Une Maison avec ses dépendances, estimée pouvoir être louée 15. liv. déduction faite de moitié, ...	1.	10.
Un Moulin estimè pouvoir être loué, Cent-cinquante livres, déduction faite d'un quart.	15.	
Deux Mulets, ...		10.
Un Asne, ...		4.
Quatre Porcs, ...	1.	
Total.	18.	4.

E Lisabeth Hemard, veuve Briſſon, Fermiere d'une Thuillerie, Cottée à Neuf livres dix ſols.

S ç A V O I R ;

B I E N S qu'elle tient à loyer

Une Thuillerie qu'elle tient de . . . dans laquelle elle loge moyennant 150. livres, le quart déduit Quatre Chevaux,

	l.	ſ.	d.
	7.	10.	
	2.		
Total.	9.	10.	

IX.
Modele d'une Cotte de la Fermiere d'une Uſine.
Voyez l'Ar. XXXVII. de l'Inſtruction.

E Stienne le Riche Epicier, Cotté à Vingt-ſept livres dix ſols.

S ç A V O I R ;

Pour ſon Commerce, dans lequel il peut gagner 300. livres, année commune, ... 15.

B I E N S propres qu'il fait valoir par ſes mains dans la Paroiſſe de ſon Domicile.

Une Maiſon avec ſes dépendances, eſtimée pouvoir être louée 50. livres, déduction faite de moitié, . . 5.

B I E N S ſitués hors la Paroiſſe de ſon domicile, qu'il donne à loyer, ayant demandé d'être impoſé à ſon domicile, en vertu de la Déclaration de 1728.

Six Arpens de Terres & deux Arpens de Vignes ſitués au Terroir de . . qu'il loüe à . . 50. livres par an, ſuivant le Bail à Nous répréſenté. . . 2. 10.

Pour 100. livres de Rente qu'il reçoit de . . ſuivant le Contrat du . . à Nous répréſenté. 5.

Total.	27.	10.	

X.
Modele de Cotte d'un Commerçant.
Voyez l'Ar. XXXIX. de l'Inſtruction.

F Rançois Duret Maçon, âgé de 30. ans cotté à Neuf livres.

S ç A V O I R ;

	l.	ſ.	d.
Induſtrie	6.		

B I E N S propres qu'il fait valoir par ſes mains dans la Paroiſſe de ſon domicile.

Une Maiſon avec ſes dépendances, eſtimée pouvoir être louée 30. livres déduction faite de moitié, . . 3.

Total.	9.		

IX.
Modele de Cotte d'un ſimple Artiſan au-deſſous de 50. ans.
Voyez les Articles XL. & XLI. de l'Inſtruction.

F Rançois Gabriël Maçon, âgé de 50. ans, Cotté, à Cinq livres dix ſols.

S ç A V O I R ;

	l.	ſ.	d.
Induſtrie.	4.	10.	

B I E N S qu'il tient à loyer.

Une Maiſon avec ſes dépendances, qu'il tient de moyennant Vingt livres déduction faite de moitié. . 1.

Total.	5.	10	

XII.
Modele de Cotte d'un ſimple Artiſan de 50. ans & au-deſſus.
Voyés les Articles XL. & XLI. de l'Inſtruction.

XIII.
Modele de Cotte d'un simple Artifan de 60. ans & au-deſſus.
Voyez les Articles XL. & XLI. de l'Inſtruction.

GAbriel Malherbe Maçon, âgé de 64. ans, Cotté à Quatre livres dix ſols.

SÇAVOIR.

	l.	f.	d.
Induſtrie. . . . . , .	3.		

BIENS propres qu'il fait valoir par ſes mains dans la Paroiſſe de ſon domicile.

Une Maiſon avec ſes dépendances, eſtimée pouvoir être louée 15. liv. déduction faite de moitié.   .   .   . | 1. 10. |

Total.   .   .   .   .   4. 10.

XIV.
Modele de Cotte d'un ſimple Artiſan de 70. ans & au-deſſus.
Voyez les Articles XL. XLI. & de l'Inſtruction.

GAbriel Merlin Maçon, âgé de 70. ans, Cotté à Une livre dix ſols.

SÇAVOIR;

	l.	f.	d.
Induſtrie, *Néant*, attendu ſon âge, cy . . .	*Néant.*		

BIENS propres qu'il fait valoir par ſes mains dans la Paroiſſe de ſon domicile.

Une Maiſon avec ſes dépendances eſtimée pouvoir être loüée 15. liv. déduction faite de moitié.   .   .   . | 1. 10. |

Total.   .   .   .   .   1. 10.

XV.
Modele de Cotte d'un Fermier des Dixmes, & qui a outre cela une autre Vacation.
Voyez l'Ar. XXXVIII. de l'Inſtruction.

HEnry Protin Fermier des Dixmes & Cocaſſier, Cotté à Vingt-quatre livres dix ſols.

SÇAVOIR;

	l.	f.	d.
Pour ce qu'il peut gagner dans ſon Commerce eſtimé 100. liv.	5.		

BIENS propres qu'il fait valoir par ſes mains, dans la Paroiſſe de ſon domicile.

Une Maiſon avec ſes dépendances, eſtimée pouvoir être louée 30. liv. déduction faite de moitié.   .   .   .   . | 3. |

BIENS qu'il tient à loyer.

Pour les Dixmes dudit lieu dont il rend 300. liv.   .   . | 15. |
Trois Chevaux.   .   .   .   .   . | 1. 10. |

Total.   .   .   .   24. 10.

XVI.
Modele de Cotte d'un Commis des Fermes.
Voyez l'Art. XLVII. de l'Inſtruction.

JOſeph la Foreſt, Commis de la Ferme du Controlle, demeurant ſur luy & vivant de ſon Bien, Cotté à Quinze livres huit ſols.

SÇAVOIR;

	l.	f.	d.
Pour le profit qu'il peut retirer de ſa Commiſſion, *Néant*, conformément à la Déciſion du Conſeil du 6. Octobre 1738.	*Néant.*		

BIENS propres qu'il fait valoir par ſes mains, dans la Paroiſſe de ſon domicile.

Une Maiſon avec ſes dépendances, eſtimée povoir être loüée 30. liv. déduction faite de moitié,   .   .   . | 3. |
Quatre Arpens de bonnes Terres,   .   ,   . | 6. |
Quatre Arpens de Terres médiocres,   .   ,   . | 4. |
Quatre Arpens de Terres mauvaiſes,   .   .   . | 2. |
Un Cheval.   .   .   .   .   . | | 10. |

15. 10.

Une

	l.	f.	d.
Cy-contre	15.	10.	
Une Vache.		8.	
Total.	15.	18.	

⁂

<table>
<tr><td>L</td><td>Aurent Prudhomme, Maitre d'Ecole & Tisserand, Cotté à Trois livres dix sols.</td></tr>
</table>

SÇAVOIR,

	l.	f.	d
Pour son Ecole, *Néant*, attendu le Traité fait avec la Communauté,	Neant.		
Pour son Métier de Tisserand, auquel il n'est censé être occupé que Cent jours par an, attendu les autres occupations.	3.		

BIENS qu'il tient à loyer.

	l.	f.	d
Une Maison avec ses dépendances, qu'il tient de moyennant 10. liv. déduction faite de moitié.		10.	
Total.	3.	10.	

XVII.
Modele de Cotte d'un Maitre d'Ecole ayant un Métier.
Voyez l'Art. XL. & XLI. de l'Instruction.

⁂

<table>
<tr><td>L</td><td>A Veuve Jacques Jacquemin Couturière âgée de 30. ans, Cottée à Trois livres Dix sols.</td></tr>
</table>

SÇAVOIR.

	l.	f.	d.
Industrie,	3.		

BIENS qu'elle tient à loyer

	l.	f.	d.
Une Maison avec ses dépendances, estimée pouvoir être louée 10. liv. Déduction faite de moitié.		10.	
Total.	3.	10.	

XVIII.
Modele de Cotte d'une Manouvrière de l'âge de 25. ans jusqu'à 40.
Voyez l'Art. XLIII. de l'Instruction.

⁂

<table>
<tr><td>L</td><td>A Veuve Louis Prudhomme Couturière, âgée de 40. ans, Cottée à Deux livres 15. sols.</td></tr>
</table>

SÇAVOIR,

	l.	f.	d.
Industrie,	2.		

BIENS qu'elle tient à loyer.

	l.	f.	d.
Une Maison avec ses dépendances, qu'elle tient de moyennant 15. liv. déduction faite de moitié.		15.	
Total.	2.	15.	

XIX.
Modele de Cotte d'une Monouvrière de l'âge de 40. ans jusqu'à 50.
Voyez l'Art. XLIII. de l'Instruction.

⁂

<table>
<tr><td>L</td><td>A Veuve Remy Martin Couturière, âgée de 50. ans, Cottée à Cinquante sols.</td></tr>
</table>

SÇAVOIR;

	l.	f.	d.
Industrie,	1.		

BIENS propres qu'elle fait valoir par ses mains dans la Paroisse de son domicile.

	l.	f.	d.
Une Maison avec ses dépendances, estimée pouvoir être louée 15. livres, déduction faite de moitié,	1.	10.	
Total.	2.	10.	

XX.
Modele de Cotte d'une Manouvrière de l'âge de 50. ans jusqu'à 60.
Voyez l'Art. XLIII. de l'Instruction.

⁂

H

XXI.
Modele de Cotte
d'une Manouvrière
de l'âge de 60. ans
& au-deſſus.
Voyez l'Art. XLIII.
de l'Inſtruction.

LA Veuve Simon Dutilleux Couturière , âgée de 60. ans, Cottée à Huit ſols,

SçAVOIR ;

	l.	f.	d.
Induſtrie, *Neant*, attendu ſon âge,	*Néant.*		

BIENS qu'elle tient à loyer.

Une Maiſon avec ſes dépendances qu'elle tient de
moyennant 8. livres, déduction faite de moitié, ... **8.**

Total. . . . **8.**

XXII.
Mode'e de Cotte
d'un Manouvrier de
25. ans juſqu'à 50.
Voyez l'Art. XLII.
de l'Inſtruction.

LOuis Rigolet Manouvrier, âgé de 28. ans, Cotté à Cinq livres dix-huit ſols.

SçAVOIR ;

	l.	f.	d.
Induſtrie,	5.		

BIENS qu'il tient à loyer.

Une Maiſon avec ſes dépendances, qu'il tient de
moyennant 10. livres, déduction faite de moitié, . . . **10.**
Une Vache, ... **8.**

Total. . . . **5. 18.**

XXIII.
Modele de Cotte
d'un Manouvrier de
50. ans juſqu'à 60.
Voyez l'Art. XLII.
de l'Inſtruction.

MAurice Chameret Manouvrier, âgé de 50. ans, Cótté à Quatre livres,

SçAVOIR,

	l.	f.	d.
Induſtrie,	3.	10.	

BIENS qu'il tient à loyer.

Une Maiſon avec ſes dépendances, qu'il tient de .
moyennant 10. livres, déduction faite de moitié, . . **10.**

Total , ... **4.**

XXIV.
Modele de Cotte
d'un Manouvrier de
60. ans , juſqu'à 70.
Voyez l'Art. XLII.
de l'Inſtruction.

NIcolas Pierre Manouvrier, âgé de 65. ans, Cotté à Trois livres cinq ſols.

SçAVOIR,

	l.	f.	d.
Induſtrie,	2.	10.	

BIENS qu'il tient à loyer.

Une Maiſon avec ſes dépendances , qu'il tient de
moyennant 15. livres, déduction faite de moitié . . . **15.**

Total. . . . **3. 5.**

XXV.
Modele de Cotte
d'un Manouvrier de
70. ans & au-deſſus.
Voyez l'Art. XLII.
de l'Inſtruction.

REmy Paroiſſien Manouvrier, âgé de 70. ans, Cotté à Deux livres.

SçAVOIR ;

	l.	f.	d.
Induſtrie, *Néant*, attendu ſon âge.	*Néant,*		

BIENS propres qu'il fait valoir par ſes mains dans la Paroiſſe de
ſon domicile.

Une Maiſon avec ſes dépendances, eſtimée pouvoir être louée
20. liv. déduction faite de moitié. . . . . **2.**

Total. . . . **2.**

Simon Michel Manouvrier, Veuf, âgé de 65. ans, ayant une Fille pour le secourir âgée de 25. ans, Cotté à Trois livres dix sols.

	l.	s.	d.
Sçavoir ;			
Industrie.	2.	10.	

BIENS qu'il tient à loyer.

Une Maison avec ses dépendances qu'il tient de . . . . moyennant 20. liv. déduction faite de moitié. | 1. | |

| *Total.* | 3. | 10. |

XXVI.
Modele de Cotte d'un Manouvrier veuf, ayant une fille qui luy tient lieu de femme.
Voyez l'Art. XLII. de l'Instruction.

Thomas Godmé Manouvrier, Veuf & seul, âgé de 68. ans, Cotté à Deux livres huit sols quatre deniers.

	l.	s.	d.
Sçavoir ;			
Industrie.	1.	13.	4.

BIENS qu'il tient à loyer.

Une Maison avec ses dépendances, qu'il tient de . . . moyennant 15. livres. | 15. |

| *Total.* | 2. | 8. | 4. |

XXVII.
Modele de Cotte d'un Manouvrier veuf, seul.
Voyez l'Art. XLII. de l'Instruction.

Thomas Rüelle Manouvrier, âgé de 28. ans, Cotté à Dix-huit livres dix sols.

	l.	s.	d.
Sçavoir ;			
Industrie.	5.		

BIENS propres Terroir dudit lieu, qu'il fait valoir par ses mains, dans la Paroisse de son domicile.

Une Maison avec ses dépendances, estimée pouvoir être louée 15. liv. déduction faite de moitié. | 1. | 10. |
Quatre Arpens de bonnes Terres, | 6. |
Quatre Arpens de Terres médiocres, | 4. |
Quatre Arpens de Terres mauvaises. | 2. |

| *Total.* | 18. | 10. |

XXVIII.
Modele de Cotte d'un Manouvrier qui fait valoir ses Terres quoy qu'obligé de les faire labourer par autruy.
Voyez l'Art. XLII. de l'Instruction.

Vincent Pannerot Marchand de Bois & Cabartier, Cotté à Vingt-cinq livres.

	l.	s.	d.
Sçavoir ;			
Pour ce qu'il peut gagner comme Marchand de Bois, estimé 200. livres.	10.		
Pour ce qu'il peut gagner comme Cabartier, estimé 100. livres.	5.		

BIENS propres qu'il fait valoir par ses mains dans la Paroisse de son domicile.

Une Maison avec ses dépendances, estimée pouvoir être louée 100. liv. déduction faite de moitié. | 10. |

| *Total.* | 25. |

XXIX.
Modele de Cotte d'un Cabartier ayant un Commerce.
Voyez l'Art. XXXIX. de l'Instruction.

XXX.
Cotte du Pâtre.
Voyez l'Art. XLII.
de l'Instruction.

Est traité comme Manouvrier quoyqu'ayant un Marché ferme avec les Habitans, pour donner plus de facilité aux Communautés d'en trouver.

Vincent Richer Pâtre âgé de 30. ans, Cotté à Cinq livres dix sols.

SçAVOIR ;   l.   f.   d.

Induſtrie.   .   .   .   .   5.

BIENS qu'il tient à loyer.

Une Maiſon avec ſes dépendances qu'il tient de . . .
moyennant 10. liv. déduction faite de moitié.   .   .   .   10.

Total.   .   .   .   .   5.   10.

⁂

XXXI.
Modele de Cotte d'un Fermier dont une partie des Terres ſont exemtes des Dixmes,
Voyez l'Art. XXX.
de l'Instruction.

Vincent Maugin, Fermier de la Ferme de . . . Cotté à Vingt-ſept livres.

SçAVOIR ;   l.   f.   d.

Une Ferme qu'il tient de . . . moyennant . . .
conciſtante en une Maiſon avec ſes dépendances, eſtimée pouvoir
être louée 40: liv. déduction faite de moitié,   .   .   .   2.
  Dix Arpens de bonnes Terres, ...   7.   10.
  Dix Arpens de Terres médiocres,   .   .   .   5.
Vingt Arpens de Terres mauvaiſes.   .   .   .   5.
  Plus. Dix Arpens de Terres médiocres, dépendans de ladite
Ferme exemts de Dixmes qui ſe perçoivent au Dixiéme, laquelle quantité pour la mettre au même dégré des autres Terres,
ſera augmenté un Dixiéme, & ſera par conféquent reputé pour
11. Arpens, ...   5.   10.
  Quatre Chevaux.   .   .   .   .   2.

Total.   .   .   .   27,

⁂

XXXII.
Modele de Cotte d'un Fermier ſortant, qui n'a fait la Recolte que d'une partie.
Voyez l'Art. XXI.
de l'Instruction.

Zacarie Lallemant Fermier, ſortant de la Terre & Seigneurie de . . . .
Cotté à Vingt livres quatorze ſols,

l.   f.   d.

SçAVOIR ;

BIENS qu'il tient à loyer.

Une Ferme qu'il tient de . . . moyennant . . .
conciſtante en Maiſon & 40. Arpens de Terre, deſquels 40. Arpens, il y en a 10. qui ont été empoüillés en Mars, par Jacques
Cuiret Fermier entrant, lequel en a fait la derniere Recolte,
partant ledit Lallemant ne ſera compris que pour les 30. autres
Arpens.
  Une Maiſon avec ſes dépendances, faiſant partie de ladite Ferme
eſtimée pouvoir être loüée 50. liv. déduction faite de moitié, . . .   2.   10.
  Dix Arpens de bonnes Terres, ...   7.   10.
  Dix Arpens de Terres médiocres,   .   .   .   5.
  Dix Arpens de Terres mauvaiſes,   .   .   .   2.   10.
  Quatre Chevaux, ...   2.
  Trois Vaches.   .   .   .   .   .   1.   4.

Total.   .   .   .   20.   14.

⁂

XXXIII.
Modele de Cotte d'un Fermier entrant, qui a fait la Recolte des Mars.
Voyez l'Art. XXI.
de l'Instruction.

Jacques Cuiret Fermier, entrant de la Terre & Seigneurie de . . . conciſtante
en une Maiſon, & 40. Arpens de Terres, Cotté à Cinquante ſols pour dix Arpens de Terres mauvaiſes qu'il a empoüillés en Mars & dont il a fait la derniere Recolte
leſdits 10. Arpens faiſant partie de ladite Ferme, le ſurplus devant être payé par Jacques
Lallemant Fermier ſortant.   l.   f.   d.
cy   .   .   .   .   .   .   2.   10.

⁂

COTTES DE SUITES.

Jacques Jacob Manouvrier, âgé de 35. ans, actuellement Habitant de la Paroisse de . . . lequel ne doit être imposé dans la Paroisse de son nouveau domicile, qu'en l'année . . . . suivant la Sentence de l'Election de . . . . en datte du . . . . continué en la présente année par droit de suite, Cotté à Dix-sept livres.

XXXIV.
Modele de Cotte de suite d'un Particulier qui transfere son domicile d'une Paroisse dans une autre. *Voyez l'Art. LII. de l'Instruction.*

Sçavoir ;   l.   f.   d.

Industrie.   .   .   .   .   5.

BIENS propres qu'il fait valoir par ses mains.

	l.
Quatre Arpens de bonnes Terres,	6.
Quatre Arpens de Terres médiocres,	4.
Quatre Arpens de Terres mauvaises,	2.
Total.	17.

Jacques Vivien Habitant de Chaalons, Ville Franche, depuis 1736. & ne possédant aucun Bien sur le Terroir de ladite Paroisse, ny ailleurs, continué par droit de suite à Trois livres.

XXXV.
Modele de Cotte d'un particulier qui a transferé son domicile dans une Ville Franche. *Voyez l'Art. LII. de l'Instruction.*

cy   .   .   .   .   3.

RECAPITULATION Contenant la nature & le montant des Biens employez au présent Rolle, & les sommes pour lesquelles ils y sont compris.

Sçavoir ;   l.   f.   d.

Industrie, ...   55.   3.   4.

BIENS propres Exploitez par les Propriétaires.

	l.	f.	d.
Maisons estimées pouvoir être louées 745. livres, à 2. sols pour liv.	74.	10.	
Soixante-neuf Arpens de bonnes Terres à 30. sols l'Arpent,	103.	10.	
Soixante-trois Arpens de Terres médiocres à 20. sols l'Arpent,	63.		
Soixante-trois Arpens de Terres mauvaises, à 10. sols l'Arpent,	31.	10.	
Un Arpent de bas Prez, à 1. liv. 15. sols l'Arpent,	1.	15.	
Un Arpent de Bois taillis, à 30. sols l'Arpent,	1.	10.	
Un Arpent d'Ozerayes à 2. livres l'Arpent,	2.		
Un Arpent de Chenevière, à 1. liv. 15. sols l'Arpent,	1.	15.	

BIENS donnez ou tenus à loyer.

	l.	f.	d.
Maisons louées 263. livres,	13.	3.	
Soixante-dix Arpens de bonnes Terres, à 15. sols l'Arpent,	52.	10.	
Quatre-vingt-neuf Arpens de Terres médiocres à 10. sols l'Arpent,	44.	10.	
Cent quatre-vingt-quatorze Arpens de Terres mauvaises, à 5. sols l'Arpent,	48.	10.	
Quatre Arpens de bas Prez, à 17. sols 6. deniers l'Arpent,	3.	10.	
Quatre Arpens de hauts Prez, à 12. sols 6. den. l'Arpent,	2.	10.	
Deux Arpens de bonnes Vignes à 30. sols l'Arpent,	3.		
Un Arpent de Vignes médiocres, à 20. sols l'Arpent,	1.		
Deux Arpens de Vignes mauvaises, à 10. sols l'Arpent,	1.		
Deux Arpens de Chenevières, à 17. sols 6. deniers l'Arpent,	1.	15.	
Dix Arpens de Bois taillis, à 15. sols l'Arpent,	7.	10.	
Deux Arpens d'Ozerayes, à 1. livre l'Arpent,	2.		
Commerce estimé 700. livres, à 1. sol pour livre,	35.		
Thuillerie louée 150. livres, à 1. sol pour livre,	7.	10.	
Dixmes louées 350. livres, à 1. sol pour livre,	17.	10.	
Rentes que les Particuliers reçoivent montant à 100. à 1. sol pour livre,	5.		
Une Admodiation générale sous-louée pour 520. livres, au			

580.   11.   4.

	l.	f.	d.
d'antre part,	580.	11.	4.
centième	5.	4.	
Quarante-cinq Chevaux à 10. fols,	22.	10.	
Quatre Poulains à 4. fols,		16.	
Sept Bœufs ou Tauraux, à 6. fols,	2.	2.	
Deux Mulets, à 5. fols,		10.	
Vingt-trois Vaches, à 8. fols,	9.	4.	
Cinq Geniffes, à 2. fols,		10.	
Huit Porcs, à 5. fols,	2.		
Deux Afnes, à 4. fols,		8.	
Cent vingt Brebis ou Moutons, à 1. fol 6. deniers,	9.		
Six Ruches à miel, à 2. fols,		12.	
	633.	7.	4.
Cotte d'Incendié,		5.	
Cotte de fuite,	3.		
Pour fauffe déclaration,	12.		
	648.	12.	4.
Sur quoi il convient déduire pour Rentes,	9.		
Partant refte,	639.	12.	4.

Somme totale Six cens trente-neuf livres douze fols quatre deniers.

Il y a au préfent Rolle Trente-cinq Cottes, y compris deux Cottes de fuite.

F a i t & arrèté par Nous Commiffaire fus-dit, en préfence de
Collecteurs, qui ont fignez avec Nous.

V EU & verifié le préfent Rolle, que Nous ordonnons être éxécuté felon fa forme & te-
neur contre les Contribuables y dénommez , & pour que chacun defdits Contribuables puiffe connoître fur quel pied & par quels motifs il a été porté à fa Cotte, comme
auffi afin de découvrir plus facilement les Faux-déclarans ; Voulons qu'outre les Copies
ordinaires qui doivent être remifes au Greffe de l'Election , au Receveur des Tailles &
du Grenier à Sel & aux Collecteurs , il en foit dépofé une autre en Papier non tim-
bré feulement , & fignée de Nous, entre les mains du Syndic, pour être par lui
communiquée , & dont il laiffera prendre des Extraits lorfqu'il en fera requis, fans néanmoins déplacer, & fans frais. Fait